农村基础设施投资效率研究

徐淑红　著

黄河水利出版社

·郑州·

内 容 提 要

本书借鉴发展经济学和计量经济学等领域已有的研究成果，以社会主义新农村建设和城乡统筹为背景，利用 Eviews 和 DEAP 统计分析软件，研究了包括农村基础设施资本存量估算、经济绩效测算和投资效率评价在内的一系列问题。

本书研究农村基础设施投资效率的相关理论和方法，为发展现代农业、促进农民增收、繁荣农村经济奠定了良好的基础，从而对解决“三农”问题、建设社会主义新农村、缩小城乡差距、推进我国经济社会和谐发展具有十分重要的理论价值和实践指导意义。

本书适合从事农村基础设施投资效率研究的相关人员，以及对建筑经济管理领域相关理论有深入研究兴趣的人员阅读参考。

图书在版编目(CIP)数据

农村基础设施投资效率研究/徐淑红著．—郑州：黄河水利出版社，2010.6

ISBN 978-7-80734-851-1

Ⅰ.①农…　Ⅱ.①徐…　Ⅲ.①农村-基础设施-基本建设-投资-经济效率-研究-中国　Ⅳ.①F32

中国版本图书馆 CIP 数据核字(2010)第 121999 号

出 版 社：黄河水利出版社

地址：河南省郑州市顺河路黄委会综合楼 14 层　邮政编码：450003

发行单位：黄河水利出版社

发行部电话及传真：0371-66026940、66020550、66028024、66022620(传真)

E-mail：hhslcbs@126.com

承印单位：黄河水利委员会印刷厂

开本：890 mm×1 240 mm　1/32

印张：5.375

字数：155 千字　　印数：1—1 000

版次：2010 年 6 月第 1 版　　印次：2010 年 6 月第 1 次印刷

定价：20.00 元

序　一

目前我国农村基础设施无论是布局、数量，还是规模、效率，都还远远不能满足现代农业和农村发展的需要。近年来，国家为促进农村发展，加快新农村建设，开始加大对农村基础设施建设投资的力度。国内外专家学者对该问题进行了研究和探讨，取得了一定的研究成果。但是，一方面，农村基础设施资本存量如何测算，其在经济发展中作用如何，东中西部农村基础设施投资效率怎样？……这些问题一直困扰着我们。另一方面，农村基础设施投资在推动经济发展的同时，由于供水、路桥建设等在技术使用上的不同以及与地区经济发展水平的适应程度等结构性因素的影响，还有农村基础设施发展战略选择、农村基础设施投资规模、资金来源、投资结构和投资管理体制等因素的影响，故农村基础设施存在着严重的低效率问题，从而导致了不同地区基础设施投资水平与经济发展速度的不匹配，这成为农村经济发展的桎梏。因此，对农村基础设施的投资效率进行深入研究，寻求进一步提高投资效率的方法和途径是很有必要的。

徐淑红是我带出来的博士。她在攻读博士期间，以其对学术执著追求的创新精神和哈工大"规格严格、功夫到家"的校训为指引，在新农村建设的浪潮下，选择了"农村基础设施投资"这一课题投入攻关，在我的指导下完成了《农村基础设施投资效率研究》博士论文。现在摆在您面前的这本《农村基础设施投资效率研究》著作，就是作者在博士论文基础上加以修改充实而成的。作者阅读了大量的有关文献，运用发展经济学和计量经济学等领域已有成果，采用科学的方法和工具，研究了农村基础设施资本存量估算、经济绩效测算和投资效率评价等问题，取得了以下创新性成果：

在应用永续盘存法（PIM）估算 1978 ~ 2007 年间农村基础设施资本存量的基础上，构建出三个双对数型 C－D 生产函数模型，具体测算了农村基础设施投资的经济绩效，明确了农村道路、自来水和电力设施的投资贡献度；构建了评价农村基础设施投资效率相对有效性的 DEA 模型，进行了农村基础设施投资规模经济效益测算，研究了东中西部投资效率相对有效性和决策单元规模效率；建立了基于 DEA 的 Malmquist 生产率指数模型，系统评价了各年度以及决策单元的投资效率变化（*MPI*）情况及其组分变化趋势，研究了农村基础设施投资效率变化的内在推动力。在上述研究基础上，提出了加大农村基础设施投资力度，合理确定农村基础设施投资重点，改善农村基础设施投资决策方式，创建高效的投资运营管理体制，推进科技创新，注重环保，进行可持续发展的新农村建设等政策建议。

综观全书，选题正确，结构合理，内容充实，论述充分，数据翔实，图文规范，结论可信，具有重要的理论意义和应用价值。这表明作者已掌握了本领域坚实宽广的基础理论和扎实深厚的专业知识，具备独立从事科学研究的能力。

鉴于农村基础设施投资效率研究是一个十分复杂的课题，与此有关的理论尚未形成。对我国来说，如何尽快改变“重工轻农，重城轻乡”的城乡二元经济发展现状，在新农村建设资金有限的前提下，按照各地实际需求进行各项基础设施投资，提高东中西部农村基础设施投资效率，尚处于实践探索阶段，一些问题还有待进一步深入研究，决不是一本专著就能解决的，况且在《农村基础设施投资效率研究》中可能还有缺点、不足之处。特别是随着经济的发展与改革的深化，丰富的实践必然会出现新的命题。也希望作者在今后的工作学习中，写出新的理论著作，为“三农”问题的解决献计献策。

我相信，作者在今后的实际工作和理论研究中，将是有所作为的。

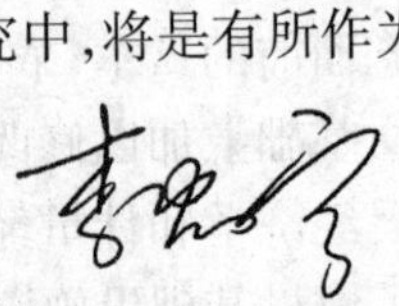

2010 年 3 月 26 日

于哈尔滨工业大学

序 二

非常高兴能够为徐淑红《农村基础设施投资效率研究》这本书作序。该书以徐淑红的博士论文为主体,经仔细修改完善而成,可以说是她博士四年"学海无涯苦作舟"之作,是对她本人"书山有路勤为径"的回报。

如果说博士毕业体现的是结果,那么博士论文则代表了过程,洋洋洒洒十几万字,是无数个不眠之夜思考的结晶,是无数次修改再修改后的成品。

众所周知,我国的农村土地集体所有制决定了对于我国农村基础设施的研究是中国特色的,是无法借鉴国外经验的。而国内对于农村基础设施的相关研究虽多,却不够深入,更缺少数据分析研究。

该书对近 30 年我国农村基础设施投资存量进行测算,选取农村道路、自来水和电力为代表,明确各自的贡献度;通过对不同地区 10 多年连续数据的分析,测算出我国农村基础设施投资效率;既对不同地区基础设施投资效率进行对比,又对不同类别基础设施效率进行比较,能够解决在我国国家财政投资有限的情况下,如何将钱用在刀刃上的问题。

该书语言平实、条理清晰、数据翔实、分析深入,仅仅获取近 30 年的农村基础设施投资数据就需要花费一番工夫,更别说对大量数据进行细致而精确的测算分析,不难看出作者扎实的理论知识功底和严谨的治学研究态度。相信该书对于正在或有兴趣对农村基础设施相关领域进行研究的人士会有一定的帮助,也必然会引起理论界对于农村基础设施投资更多的关注。

作为徐淑红的爱人,我深知这本书诞生的故事,这故事平凡而真实,是理解和支持,是关怀和爱护,是知难而进、坚持不懈,是精益求精、善始善终,是小雨润如酥,更是细雨润无声。总而言之,这本书本身就是一个美丽的故事。

“雄关漫道真如铁，而今迈步从头越”，《农村基础设施投资效率研究》是徐淑红的第一本书，正犹如万里长征第一步，这仅仅是开始，才刚刚上路。希望她在今后的教学与科研事业中能够谦虚谨慎、戒骄戒躁，两手都要抓，两手都要硬；希望她能够继续发扬“规格严格、功夫到家”的精神，扬马加鞭，再接再厉，更上一层楼。

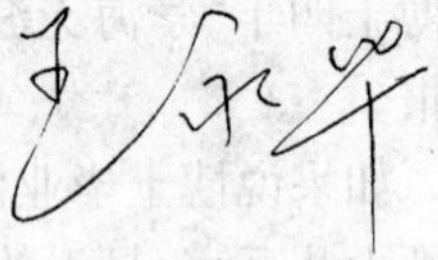

2010 年 4 月 6 日

于绿城郑州

前言

自新中国成立以来，经过60多年的努力，我国进行了大量的农村基础设施投资，为地区的经济开发和发展奠定了必要的物质基础。尽管我国农村基础设施建设取得了一定的成就，但从总体上看，现行的农村基础设施无论是布局、数量，还是规模、效率，都远远不能满足发展现代农业的需要，制约了农业综合生产能力的提高和农村经济的持续稳定发展。如何提升农村基础设施投资效率具有重要意义。为此，本书借鉴发展经济学和计量经济学等领域已有的研究成果，采用从抽象到具体的分析方法，以及理论分析与实证分析相结合、定性分析与定量分析相结合、历史与发展相结合的动态分析方法，以社会主义新农村建设和城乡统筹为背景，利用 Eviews 和 DEAP 统计分析软件，研究了包括农村基础设施资本存量估算、经济绩效测算和投资效率评价在内的一系列问题，主要包括以下内容：

在汇总分析现有概念的基础上，研究并界定了基础设施、农村基础设施的概念和经济属性；同时，明确了农村基础设施投资效率的含义及其影响因素；进行了农村基础设施投资总量分析；从资金、投资管理体制、资源整合和意识四个维度出发，剖析了农村基础设施投资存在问题的形成原因。

基于永续盘存法（PIM）估算了1978～2007年间农村基础设施资本存量；同时，利用 Eviews 5.0 统计分析软件，运用计量经济分析中的单位根检验、协整检验、Granger 因果关系检验、脉冲响应函数及方差分解的一系列主流方法，对农村基础设施投资对农村经济的推动作用进行了定量研究；在理论假说的基础上，构建出双对数型 C－D 生产函数模型，测算了农村基础设施投资的经济绩效，明确了农村道路、自来水和电力设施的投资贡献度。

构建了基于 DEA 方法的农村基础设施投资效率相对有效性模型，

即 C^2R 模型和 BC^2 模型，选取2001～2007年面板数据，建立了模型所需的指标体系，对相关变量进行了必要的处理；对我国东中西部29个省（市、区）农村基础设施投资效率相对有效性进行了动态研究，具体包括：研究了东中西部投资效率相对有效性，测算了决策单元规模效率，针对不同的区域，剖析了各区域农村基础设施投资效率相对有效性的变化特点及其规律。

采用了基于 Malmquist－DEA 计算的农村基础设施投资效率，利用 DEAP 2.1 统计分析软件，运用1990～2007年29个省（市、区）决策单元的面板数据，系统评价了各年度以及决策单元的投资效率变化（*MPI*）及其组分变化情况，主要包括技术效率变化（*TE*）和技术进步变化（*TP*），其中技术效率变化包括纯技术效率变化（*PTE*）和规模效率变化（*SE*）等方面；动态研究了农村基础设施投资效率变化的内在推动力，阐释了29个决策单元投资效率变化情况及其特点。

在以上研究的基础上，针对农村基础设施存在投资总量不足、投资效率低下和投资管理体制不完善等问题，有针对性地提出了切实可行的改进措施，即：加大农村基础设施投资力度；合理确定农村基础设施投资重点；改善农村基础设施投资决策方式；创建高效的投资运营管理体制；推进科技创新，注重环保，进行可持续发展的新农村建设等。

本书研究农村基础设施投资效率的相关理论和方法，对于国家和地方各级政府制定农村基础设施投资战略、优化资金配置，为发展现代农业、促进农民增收、繁荣农村经济、全面推进社会主义新农村建设奠定了良好的物质基础，从而对解决“三农”问题、建设社会主义新农村、缩小城乡差距、推进我国经济社会协调发展都具有十分重要的理论价值和实践指导意义。

本书在编写过程中参考了国内外许多专家学者的著作和研究成果，在此表示最诚挚的谢意。由于作者水平有限，不当之处，恳请读者不吝赐教。

作　者

2010年2月

目录

第 1 章　绪　论

1.1　问题的提出

从经济学的意义上,提供并运营基础设施为居民的生产和生活提供服务,这是一种提供公共产品或准公共产品的活动[1]。长期以来,在传统的重工业优先发展战略和城乡二元经济结构条件下,我国的公共产品提供在城乡间存在严重不均衡状况,农村基础设施投资主体缺位、投资效率低下,使得农村社会矛盾激化。有鉴于此,2006 年中央一号文件中提出,“要把国家对基础设施建设投入的重点转向农村”,加快农村基础设施建设;2007 年中央一号文件中进一步指出,“国家财政新增教育、卫生、文化等事业经费和固定资产投资增量主要用于农村,逐步加大政府土地出让收入用于农村的比重”;2008 年中央一号文件更是直接以“加强农业基础建设”为主题,并强调“坚持把国家基础设施建设和社会事业发展的重点转向农村”;2009 年中央一号文件,即《中共中央国务院关于 2009 年促进农业稳定发展农民持续增收的若干意见》,一共提出了 28 项措施促进农业稳定发展与农民持续增收,其中包括进一步增加农业农村投入、较大幅度增加农业补贴、保持农产品价格合理水平、增强农村金融服务能力等。

可见,中央政府已经充分认识到基础设施在推动农村经济增长中所发挥的重要作用,并试图加大农村基础设施投入来提高农村公共产品供给水平,最终实现城乡基本公共服务均等化。同政府的关注相比,学术界对基础设施的研究可以追溯得更早。从 20 世纪 80 年代末开始,不少经济学家便对基础设施展开了广泛而深入的研究。作为人类经济活动的基本要素之一,农村基础设施投资在助推农村现代化进程、增强农民自主增收的能力、缩小城乡差别方面发挥了重要作用。近年来,对农村基础设施的投资实证研究主要围绕“农村基础设施投资是否有助于促进经济增长”命题展开。在新农村建设热潮中,众多专家学者对此已达成共识,即农村基础设施投资有助于促进经济增长和农民收入提高,在社会主义新农村建设的实践中,应该切实加大农村基础设施投资力度。

鉴于资本在经济增长中的重要作用,人们意识到要深入地研究经济增长的内部动因,有必要对资本投入的计量进行细致的分析。包括索洛(Solow,1957)[2]在内的大多数研究经济增长的学者认为,用资本存量作为度量资本投入的指标是合适的。农村基础设施资本存量如何测算,其在经济发展中作用如何?这些问题一直困惑着我们;另外,农村基础设施投资在推动经济发展的同时,由于供水、路桥建设等在技术使用上的不同以及与地区经济发展水平的适应程度等结构性因素的影响,还有农村基础设施发展战略选择、农村基础设施投资规模、资金来源、投资结构和投资管理体制等因素的影响,农村基础设施存在着严重的低效率问题,从而导致了不同地区基础设施投资水平与经济发展速度的不匹配,这成为农村经济发展的桎梏。因此,对农村基础设施的投资效率进行深入研究,寻求进一步提高投资效率的方法和途径是很有必要的。

1.2 研究目的和意义

在社会主义新农村建设浪潮中,农村基础设施是建设的重中之重,然而目前农村基础设施存在投资总量不足、投资效率低下和投资管理体制不完善等问题。因此,如何提高农村基础设施投资效率是本书研究的关键所在,希望本书的研究能够解决农村基础设施投资环节所存在的问题,切实为新农村建设提供可行的方法、思路和建议。

通过详细分析和研究农村基础设施投资当前存在的问题,科学测算资本存量,探索农村基础设施建设与发展的思路和方法,提高农村基础设施投资效率,将会为发展现代农业、促进农民增收、繁荣农村经济、全面推进社会主义新农村建设奠定良好的物质基础。同时,从经济学的角度研究东中西部29个省(市、区)农村基础设施投资效率的基本问题,对于拓宽农村基础设施投资问题的研究思路也具有重要意义。

具体来讲,本书的研究具有以下理论和现实意义。

(1)有利于拓宽永续盘存法研究的范畴。在本书的研究中引入了永续盘存法(PIM),该方法的理论基础是生产的耐用品模型,科学测算出农村基础设施资本存量,为后续研究提供了翔实、可靠的基础数据。由于基础设施资本的不可分性,将基础设施资本存量纳入函数模型比将其资本流量纳入函数模型更为合理,为今后的研究奠定了科学的理论基础。

(2)有利于改进农村基础设施投资策略。以东中西部基础设施投资为主要研究对象,选取29个决策单元的面板数据,采用DEA方法对其投资效率进行了实证研究。通过对其投资效率进行分地区的横向比较,有效避免诸如经济、法律等宏观环境系统因素的影响,既可以确定东中西部各决策单元在有效生产前沿面的"投影",又能够发现投资效率欠佳的地区决策单元,为相关管理者提供参考和建议。加大对农村基础设施建设的投入和支持,实行农村基础设施经营管理体制改革,走农村基础设施建设投资主体多元化之路,科学规划、因地制宜发展农村基础设施,明确重点,有针对性地加强建设,进而改进其投资策略,提升投资效率。

(3)有利于实现资源优化配置的长远目标。从提高农民收入、降低农民支出和推动经济发展三个维度出发,综合考虑公平和效率两方面内容,进行农村基础设施投资贡献度的研究,有利于解决当前农村基础设施建设投资需求与资金供给的矛盾,发挥有限资金的最大效益,对于资源优化配置长远目标的实现具有重要的现实意义。

随着政府投入的稳定增加,社会资金的投入将逐渐增长,农民创收、增收的条件将不断改善,乡村城镇化也将随之有序展开。这几种关系的良性互动,将有利于农村基础设施投资主体归位,切实加大农村基础设施投资力度,从而不断提高我国第一产业的产业化、市场化、国际化的程度。

(4)有利于拉动内需,加快社会主义新农村建设的步伐。在社会主义新农村建设中,如何加强农村基础设施投资、提高投资效率是一个基础性的问题。相关研究表明,由于农村基础设施投资不足、投资效率低下,带来了一系列社会和经济问题,与建立和谐社会的初衷背道而驰。

基础设施建设的投资重点转向农村,将大大缩小城乡在享用公共设施方面的差距,加快城乡一体化进程。由此产生的巨大商机有利于消化产能过剩,启动内需,缓解出口压力。而中国目前产能过剩的行业,如钢铁、水泥等,有望随着农村基础设施建设的启动而使产能过剩问题得到缓解。研究新时期农村基础设施投资效率问题,有效地改善农村基础设施投资状况,有利于增加农民收入、增进社会福利、促进共同富裕;从宏观经济运行看,它还有利于创造新的社会需求和新的经济增长点,实现城乡经济的良性循环,增强经济的可持续发展能力。

1.3 国内外研究现状及综述

1.3.1 国外相关研究现状

1.3.1.1 国外基础设施投资贡献研究现状

经济增长的原因、经济增长的内在机制以及经济增长的实现途径,历来是经济理论研究的核心问题,毫无疑问也是争论最多的问题。如何测度基础设施对经济增长或生产率的边际贡献一直吸引着经济学家的眼球,大量的学术文献不断涌现。这类研究主要是利用生产函数法、成本函数法和向量自回归法等计量方法,来考察基础设施投资对产出、民间投资和全要素生产率等宏观经济变量的影响。

1)生产函数法

阿罗和库兹(Arrow and Kurz,1970)[3]把公共资本存量纳入宏观经济生产函数,即把公共资本存量作为一个生产要素加入生产函数中。其建立的生产函数形式是:

$$Y(t) = F(K(t), G(t), L(t)el^{t}) \tag{1-1}$$

其中,$K(t)$ 代表私人资本存量;$G(t)$ 代表公共资本(基础设施资本)存量;$L(t)$ 代表投入的劳动量;l 代表增加劳动力的技术进步率(这是外生给定的)。

从此,很多学者使用柯布－道格拉斯生产函数(C－D 生产函数)考察基础设施资本对总产出增长和生产率的影响。从这些研究中我们可以发现,不同的研究者通过使用不同的模型得到了不同的结论。有的学者对基础设施资本在经济增长过程中发挥的作用给予了正面积极评价。

Aschauer(1989)使用美国 1945～1985 年的时间序列和横截面数据,研究了生产率和政府支出(不包括国防支出)形成资本的关系。其研究发现基础设施资本对经济总产出有着较大的贡献,估计的产出弹性等于 0.39,认为美国 1971～1985 年全要素生产率下降的主因是基础设施投资增速降低[4]。

Munnell(1990)利用美国 1948～1987 年的数据,估计的产出弹性为 0.34～0.41,其研究结果显示基础设施对生产率的提高作用显著强烈[5]。

Canning(1993)证明核心基础设施如高速公路比非核心基础设施对经济增长的贡献要大。通过对 57 个国家 1960～1990 年的数据,采用变量对数形式,估计交通设施的产出弹性明显高于电力和电信。同样的设施对高收入国家和低收入国家弹性差异很大。高收入国家弹性高,低收入国家弹性低。如交通设施对高收入国家弹性为 0.174,对低收入国家为 0.050[6]。

Camilla(2006)通过构建生产函数对意大利基础设施进行了研究,其结果表明核心的基础设施对生产率有正向的影响,非核心的基础设施对生产率有负向的影响[7]。

Duggala(2006)构建了非线性生产函数,测算了美国 20 世纪 90 年代基础设施的贡献,其结果表明信息领域基础设施的投资对经济增长的影响最为显著[8]。

有些学者的研究结果显示基础设施对经济增长的影响不显著。范九利等(2004)[5] 以生产函数法为视角,进行基础设施资本对经济增长的贡献研究,总结出国外学者的一些结论。如 Eberts(1986)通过构建超越对数函数对美国38个都市区进行了研究,发现基础设施和经济发展两者相关度较低,仅为0.03;Holtz - Eakin(1994)采用Munnell(1990)的数据,进行了固定或随机效应分析,发现基础设施的产出弹性不显著;Garcia - Mila(1996)对美国1970～1986年48个州进行了研究分析,发现公共资本不具有统计上的显著性;Stephan(2001)利用德国大城市1980年、1986年、1988年的面板数据进行2SLS回归,发现基础设施资本对城市经济产出的效应较弱,弹性只有0.082。Bonaglia(2000)利用意大利1970～1994年的地区数据,估计的弹性只有0.071,还出现了负的效应。

可见,学者们争论的焦点在于基础设施回报率和产出弹性究竟有多大。尽管存在着激烈的争论,但是多数研究者对基础设施在经济增长上的正面效应都予以了肯定。他们普遍认为,作为一种公共资本存量,良好的基础设施水平对一国的经济发展发挥着重要的基础性作用。

表1-1列示了部分生产函数法研究成果。

表1-1 生产函数法研究成果

作者	数据资料	函数形式	产出弹性
Aschauer (1989)	美国1945～1985年时间序列	C－D函数 TFP回归	0.39 生产率的提高与公共设施资本高度相关
Munnell (1990)	美国48个州	C－D函数 对数变量	0.34～0.41 基础设施对生产率的提高作用显著强烈
Canning (1993)	57个国家 1960～1990年	C－D函数 对数变量	交通设施对高收入国家弹性为0.174,对低收入国家为0.050
Canning (2003)	世界各国	生产函数	中国的电力设施投资回报率为0.54,其他为0.41
Camilla (2006)	意大利	生产函数	核心的基础设施对生产率的影响为正,非核心的基础设施对生产率的影响为负

续表 1-1

作者	数据资料	函数形式	产出弹性
Duggala (2006)	美国 20 世纪 90 年代	非线性生产函数	信息领域基础设施的投资对经济增长的影响最显著
Eberts (1986)	美国 38 个都市区	超越对数函数水平变量	0.03 两者相关度较低
Holtz－Eakin (1994)	采用 Munnell (1990)的数据	C－D 函数固定或随机效应	不显著
Garcia－Mila (1996)	美国 48 个州 1970～1986 年	C－D 函数一阶差分	不显著
Stephan (2001)	德国大城市 1980 年、1986 年、1988 年的面板数据	2SLS	0.082 较弱
Bonaglia (2000)	意大利 1970～1994 年	C－D 函数	0.071 较弱

资料来源：范九利，白暴力，潘泉．基础设施资本对经济增长贡献的研究文献综述．上海经济研究，2004(1)：36－43。

2）成本函数法

根据企业最大化其利润或最小化其成本的最优化行为，以成本函数法来分析基础设施对产出的影响。

范九利等(2004)[9]以成本函数法为视角，进行基础设施资本对经济增长贡献研究，总结出国外学者的一些结论。具体包括：Bernt(1991)利用美国 1960～1988 年的数据，建立广义列昂惕夫成本函数，发现多要素生产率的弹性为 0.06，增加基础设施投资有利于降低成本；Hansson(1991)研究了瑞典 1960～1988 年间私人部门的数据，构建出多要素成本函数，发现核心基础设施对成本降低作用不显著，短期与劳动互补。

Lynde(1992)利用美国非金融商业部门 1958～1989 年间的数据，构建出成本函数超越对数，其研究结果表明，基础设施投资有利于成本节约，劳动替代弹性为－0.45～－0.49，其他资本互补弹性为 0.71～0.90[10]。

Holtz - Eakin(1996)利用美国的数据进行研究,发现公共基础设施可降低制造业的成本[11]。

Boarnet(1997)对美国加利福尼亚所有县1968~1988年间的数据进行了研究,其结果表明基础设施的投资和建设对地区经济发展有重新调整与分配的功能。Gillen(1998)通过对加拿大国家和省1961~1996年相关数据进行研究,发现基础设施的建设有利于成本节约,其劳动替代弹性为-0.16,资本互补弹性为0.17[9]。

虽然生产函数的分析提供了有益的基础设施资本与总产出的关系,但是它没有解释基础设施对企业微观运行的作用机制。与生产函数不同的是,成本函数法提供了丰富的统计分析功能,可以直接衡量由于基础设施资本的增加而带来的成本降低,所估计的是额外增加的公共资本投资所引起的成本节约。因此,为了解释经济增长,成本函数要说明的是公共基础设施的扩张能使私人企业通过减少投入或者提高生产率降低多少平均成本,这些节约的成本被视为公共投资的报酬。同样,研究的结果也相互矛盾(如表1-2所示)。

对于基础设施资本对企业生产率的作用还没有一致认识。这主要有如下几种原因:①数据口径不同,或者区域层次不同,如有的研究的是都市区、州省,有的研究的是国家,有的研究的是某个产业领域;②对企业最优行为的假定不同,或对成本函数的定义不同;③研究重点不同,有的集中于核心基础设施,如高速公路、供水、排水系统,有的研究的是整个公共资本涉及的领域。总的看来,成本函数研究的结论是基础设施对产出增长的贡献是正的,但相对生产函数的研究结论而言,其贡献是相对较小的。

3)向量自回归法

传统的联立方程组的结构性方法是用经济理论来建立变量之间关系的模型。但是,经济理论通常并不足以对变量之间的动态联系提供一个严密的说明。并且,内生变量既可以出现在等式的左端,又可以出现在等式的右端,使得估计和推断更加复杂[12]。向量自回归法的基本思路是将公共投资、产出和私人投资等变量纳入一个自回归模型中,在给出模型估计的基础上,通过格兰杰因果检验、脉冲响应函数和方差分解来考察公共投资对产出和私人投资的动态影响。

表1-2 成本函数法研究成果

作者	样本数据	模型	主要结论
Bernt (1991)	美国 1960~1988年	广义列昂惕夫成本函数	多要素生产率的弹性为0.06,增加基础设施投资有利于降低成本
Hansson (1991)	瑞典私人部门 1960~1988年	多要素成本函数	成本降低不显著,短期与劳动互补
Lynde (1992)	美国非金融商业部门 1958~1989年	成本函数超越对数	基础设施投资有利于成本节约,劳动替代弹性为-0.45~-0.49,其他资本互补弹性为0.71~0.90
Holtz-Eakin (1996)	美国	成本函数	公共基础设施可降低制造业的成本
Boarnet (1997)	美国加利福尼亚所有县 1968~1988年	成本函数	基础设施的投资和建设对地区经济发展有重新调整与分配的功能
Gillen (1998)	加拿大国家和省 1961~1996年	超越对数线性对数	成本节约,劳动替代弹性为-0.16,资本互补弹性为0.17

资料来源:范九利,白暴力,潘泉. 基础设施资本对经济增长贡献的研究文献综述. 上海经济研究,2004(1):36-43。

对于一个p阶的向量自回归即VAR(p)模型:

$$Y_t = \varphi_0 + \sum_{i=1}^{p} \varphi_i Y_{t-p} + \varepsilon_t \qquad (1\text{-}2)$$

其中,Y_t为向量,可以包括公共投资、产出和私人投资等;φ_0为常数项;$\varphi_i(i=1,2,\cdots,p)$为系数矩阵;$\varepsilon_t$为扰动项。

利用滞后算子,可将模型(1-2)化为:

$$I_n - \sum_{i=1}^{p} \varphi_i L^i = \varphi_0 + \varepsilon_t \qquad (1\text{-}3)$$

其中,I_n为单位矩阵。

如果 VAR(p) 模型是稳定的，即 $I_n - \sum_{i=1}^{p} \varphi_i L^i = 0$ 的根落在单位圆外，那么 VAR (p) 可以化为无穷阶移动平均过程 MA(∞)，即：

$$Y_t = \varphi_0 + \varepsilon_t + \psi_1 \varepsilon_{t-1} + \psi_2 \varepsilon_{t-2} + \cdots = \varphi_0 + \psi(L)\varepsilon_t \quad (1\text{-}4)$$

其中，$\psi(L) = I_n + \psi_1 L + \psi_2 L^2 + \cdots = \left(I_n - \sum_{i=1}^{p} \psi_i L^i\right)^{-1}$。

系数矩阵 ψ 的第 i 行、第 j 列元素等于时期 t 第 j 个变量的信息 ε_{jt} 增加一个单位而其他时期其他信息不变的情况下，对时期 $t+s$ 时第 i 个变量 $Y_{i,t+s}$ 的影响。此模型度量了在其他变量不变的情况下，$Y_{i,t+s}$ 对 $Y_{j,t}$ 的一个脉冲的反映。

VAR(p)模型的矩阵形式如式(1-5)所示：

$$\begin{bmatrix} Y_{1t} \\ \vdots \\ Y_{mt} \end{bmatrix} = \begin{bmatrix} a_{11}^1 & \cdots & a_{1m}^1 \\ \vdots & & \vdots \\ a_{m1}^1 & \cdots & a_{mm}^1 \end{bmatrix} \begin{bmatrix} Y_{1t-1} \\ \vdots \\ Y_{mt-1} \end{bmatrix} + \cdots + \begin{bmatrix} a_{11}^p & \cdots & a_{1m}^p \\ \vdots & & \vdots \\ a_{m1}^p & \cdots & a_{mm}^p \end{bmatrix} \begin{bmatrix} Y_{1t-p} \\ \vdots \\ Y_{mt-p} \end{bmatrix} +$$
$$\begin{bmatrix} b_{11}^1 & \cdots & b_{1d}^1 \\ \vdots & & \vdots \\ b_{m1}^1 & \cdots & b_{md}^1 \end{bmatrix} \begin{bmatrix} X_{1t-1} \\ \vdots \\ X_{dt-1} \end{bmatrix} + \cdots + \begin{bmatrix} b_{11}^r & \cdots & b_{1d}^r \\ \vdots & & \vdots \\ b_{m1}^r & \cdots & b_{md}^r \end{bmatrix} \begin{bmatrix} X_{1t-r} \\ \vdots \\ X_{dt-r} \end{bmatrix} + \begin{bmatrix} u_{1t} \\ \vdots \\ u_{mt} \end{bmatrix} \quad (1\text{-}5)$$

式(1-5)还可写成以下形式：

$$\begin{aligned} Y_{1t} &= (a_{11}^1 Y_{1t-1} + \cdots + a_{1m}^1 Y_{mt-1}) + \cdots + (a_{11}^p Y_{1t-p} + \cdots + a_{1m}^p Y_{mt-p}) + \\ &\quad (b_{11}^1 X_{1t-1} + \cdots + b_{1d}^1 X_{dt-1}) + \cdots + (b_{11}^r X_{1t-r} + \cdots + b_{1d}^r X_{dt-r}) + u_{1t} \\ &\quad \vdots \\ Y_{mt} &= (a_{m1}^1 Y_{1t-1} + \cdots + a_{mm}^1 Y_{mt-1}) + \cdots + (a_{m1}^p Y_{1t-p} + \cdots + a_{mm}^p Y_{mt-p}) + \\ &\quad (b_{m1}^1 X_{1t-1} + \cdots + b_{md}^1 X_{dt-1}) + \cdots + (b_{m1}^r X_{1t-r} + \cdots + b_{md}^r X_{dt-r}) + u_{mt} \end{aligned} \quad (1\text{-}6)$$

其中，Y 是内生变量，有 m 个；X 为外生变量，有 n 个；内生变量的滞后期为 p 期；外生变量的滞后期为 r 期；a 和 b 是参数；u 是随机扰动项。

范九利等(2004)[9]以向量自回归法为视角，进行了基础设施资本对经济增长贡献的研究文献综述，总结出国外学者的一些研究成果。

具体内容包括:Clarida(1993)选取美国、英国、德国和法国为样本,发现全要素生产率与公共资本是协整的(Co - integrated),但因果关系的方向不确定;Pereira(1993)选取了美国1950~1989年的年度数据,其研究表明短期产出和私人资本对公共资本积累的变化相对没有反应;Memillin(1994)利用美国1952~1990年的数据,发现基础设施资本没有显著效应;Otta(1994)选取澳大利亚1960~1992年的季度数据,研究结果表明产出对基础设施资本的弹性为0.20;Sturn(1999)以荷兰1853~1913年的数据为样本,得出基础设施投资对GDP的效应为正且在1%水平上显著,GDP对基础设施效应为负,但其系数不显著,而只是一种弱的关系的结论。

Sims(1980)提出了使用模型中的所有当期变量对所有变量的若干滞后变量进行回归,用于相关时间序列系统的预测和分析随机扰动对变量系统的动态影响,这是一种非结构化的多方程模型。它不带有任何事先约束条件,将每个变量均视为内生变量,避开了结构建模方法中需要对系统中每个内生变量关于所有变量滞后值函数的建模问题,它突出的一个核心问题是“让数据自己说话”(Gujarati,1997)。VAR法不但可以检验公共资本和经济增长之间的格兰杰(Granger)因果关系,而且可以进行脉冲反应分析[13]。

表1-3列示了部分向量自回归法研究成果。

1.3.1.2 农村基础设施投资经济增长效应的研究现状

从学术积累的角度看,上述关于“基础设施的经济增长效应”问题的一般性研究虽然没有直接以农村基础设施为研究对象,但却提供了清晰的研究思路和较为成熟的研究方法。随着全球对农村经济发展和贫困问题的日益关注,有关农村基础设施的研究文献也逐渐增多。

Antle(1984)[14]认为农村基础设施投资带来了比人口增长更快的农业生产率增长。

Ddtt G. 等(1997)[15]通过研究认为农业生产率的快速增长将会使农村贫困水平大大下降。

J. E. Stuan(1998)等通过对各种地形下的水稻生产技术进行分析,指出要维持越南的出口水平,就要加强制度改革,进一步进行农业基础设施的投资和技术创新[16]。

表 1-3　向量自回归法研究成果

作者	样本	主要结论
Clarida (1993)	美国、英国、德国和法国	全要素生产率与公共资本是协整的(Co－integrated),但因果关系的方向不确定
Pereira (1993)	美国 1950～1989 年的年度数据	短期产出和私人资本对公共资本积累的变化相对没有反应
Memillin (1994)	美国 1952～1990 年的数据	基础设施资本没有显著效应
Otta (1994)	澳大利亚 1960～1992 年的季度数据	产出对基础设施资本的弹性为 0.20
Sturn (1999)	荷兰 1853～1913 年的数据	基础设施投资对 GDP 的效应为正且在 1% 水平上显著,GDP 对基础设施效应为负,但其系数不显著,而只是一种弱的关系

资料来源:范九利,白暴力,潘泉. 基础设施资本对经济增长贡献的研究文献综述. 上海经济研究,2004(1):36－43。

J. B. Crihfield(1999)在对南非应有的基础设施的数量进行研究时,指出基础设施对于经济生活具有直接效应和间接效应。直接效应包括工作机会、生产率的提高以及小型企业的增加;间接效应包括人们自由支配时间和资源的增多、环境得到极大改善和公众福利的提高[17]。

Bhatia M. S. (1999)[18]通过进行 1950～1951 年和 1995～1996 年的电力、水利等农村基础设施前后对比,简单介绍了农村基础设施建设对农业发展的重要性,包括农村公路在内的基础设施对农业经济的发展具有巨大的推动力。

Lall Somik V. (1999)[19], Fan Shenggen 等(2000)[20], Ellis F. M. Kutengule 等(2003)[21]对印度进行实证分析,解析了农村基础设施投入和农村发展、缓解贫困的关系,总结了农村基础设施投入对农村收入尤其是对小农经济的深刻影响,进行了基础设施服务的提供与农村收入提高的因果关系的论述。

Easterly 等(2003)对拉丁美洲地区的研究表明,公共部门正在削减对基础设施的投资,公共部门投资基础设施的预算大幅度减少,目前的投资水平仅仅为10~15年前的40%~50%[22]。

Briceno 等(2004)的研究表明,20世纪90年代,发展中国家的基础设施融资主要来自公共投资、官方发展资助(ODA)和私人部门投资,而且公共投资占到了绝大多数。但是,这种情况正在逐渐发生变化。ODA 在私人部门参与基础设施融资后,所占比重开始下降,现在私人部门投资已经超过 ODA[23]。

E. C. Mamatzakis(2003)采用先验对数成本函数,对公共基础设施投资在希腊农业生产率增长方面的影响进行了研究。结果显示,在1960~1995年的30多年中,公共基础设施投资降低了希腊农业的总成本,提高了农业生产率。在基础设施投资上1%的增长将使畜牧和谷物生产的总成本降低0.38%[24]。

Romeo G. Teruel(2005)使用相似的研究方法,研究了菲律宾1974~2000年公共基础设施投资对农业生产率的影响。结果表明,公共基础设施投资降低了生产成本,提高了菲律宾农业的生产率,农业生产成本平均降低了0.28%,从而提高了菲律宾农业的相对竞争力。具体而言,灌溉使农业成本降低0.12%,道路使农业成本降低0.71%,农村电力设施使农业成本降低0.01%[25]。

Xiaobo Zhang 等(2004)采用广义矩估计法(GMM),就印度农村基础设施投资对农业生产率的影响进行了实证研究。结果表明,农村基础设施发展对农业生产率提高有巨大影响,类似道路等广义基础设施项目不仅可以提高农业全要素生产率,而且通过扩大非农业就业的机会和农村劳动力的转移,降低了农村贫困水平[26]。

Jahan Selim 等(2005)认为小型基础设施在许多方面是大型基础设施的有益补充。首先,小型基础设施弥补了大型项目的不足。其次,大型基础设施与小型基础设施能够互补。最后,一些小型基础设施的成功案例可以应用到大型基础设施管理上[27]。

1.3.2 国内相关研究现状

1.3.2.1 农村基础设施投资影响因素研究

张晓波等(2003)利用在江苏省 6 个县 60 个村的实地调研数据,着重研究了村民自治对农村公共投资的影响。研究结果表明,选举产生的村干部往往会通过从企业寻找资源以增加财务总收入和总支出。但是,私有化增加了向企业征收税费的难度。就村财务支出而言,单靠村民选举还不能保证提高农村基层公共投资的比例并降低行政开支的比例。权利分担可以增加透明度,从而降低村干部肆意挥霍的机会。为了提高公共投资的效率,村民参与、政府机构之间的相互制衡必须双管齐下[28]。

罗仁福、张林秀等(2006)利用全国 2 459 个村的大样本实地调查数据,对农村公共投资的影响因素进行了分析。研究结果表明,当地经济发展水平是影响农村公共投资的重要因素,农村村民直接选举和农村税费改革对村级公共物品投资具有一定程度的影响。在工商业较发达的村公共投资活动也相对较多。文章还提出为了实现统筹发展和社会主义新农村建设的要求,对农村公共投资的力度还需要进一步加强[29]。

1.3.2.2 农村基础设施投融资模式的研究

在我国农村,公共投资的来源主要可分为两大类:一类来自上级政府(乡及以上政府),另一类来自村自筹(包括村集体和村民集资)。和一般基础设施一样,农村基础设施也具有投资金额大、资金回收周期长的特点,由政府进行单一投资难以达到长期稳定发展的目标。特别是农村税费改革后,村一级的投资能力大大削弱,农民的资金又十分有限,如何扩大农村基础设施的投资来源,探讨投资主体多元化、融资来源渠道与结构、基础设施定价及政府监管等方面问题显得尤为重要。

魏新亚(2002)对大量统计资料进行计算分析,结果表明,相比经济发达地区,中国经济欠发达的中西部地区在基础设施建设中更多地依赖中央财政投入和国有经济投入,这种浓厚的“计划经济”特色阻碍了他们获得更多的建设资金。因此,更新观念,尽快改革,引入更多的民间资本共同承担基础设施建设成为必然趋势[30]。

王广起等(2006)认为,中国农村基础设施存在的突出问题是供给短缺且极不平衡,扭转这一状况的根本途径在于完善农村基础设施建设的工作机制,建立长效投入机制,建立农民劳动积累机制,探索全社会力量的参与机制,以稳步、有序地促进农村基础设施健康发展[31]。

刘家伟(2006)认为,在中国经济社会确立"全面建设小康社会"和"加速构建和谐社会"总目标、"三农"问题日益严峻、城市的基础设施建设投融资体制不断朝着市场化和多样化方向发展等大背景下,应借鉴城市基础设施常见的投融资模式(BOT、BOOT、BT、PPP 等模式),建立市场化和多样化的农村基础设施投融资模式[32]。

刘峰涛(2008)基于外部性与产权市场的视角,构建了针对农村公路的投融资模式——外部性产权证券(Externality Property - rights Securities,EPS)。在理论上,运用新制度经济学理论阐释了农村公路外部性的真实性、融资的可能性和产权融资的受众。在操作上,定位农村公路外部性产权为"外部性税收增量",并将其证券化为"税收增量抵扣证券",为投资找到回报的真实基础[33]。

需要指出的是,河北农业大学李志远在其博士学位论文《农村基础设施投资研究——以河北省为例》中详细阐述了基础设施研究现状,重点围绕农村基础设施投资与经济发展关系、基础设施的投融资等论题,详细阐述了国内外相关文献的研究情况,并分析了相关研究意义及其不足,在此就不加以赘述。

1.3.2.3 农村基础设施投资实证研究

从以下三方面内容进行展开。

1)基础设施投资作用研究

国内关于基础设施的实证研究近几年才开始,黄聪等(2000)利用1980~1998年各年统计数据,建立回归模型来衡量基础设施建设推动力对中国GDP增长的影响。结果表明,基础设施的建设推动力系数为35.65%,表明基础设施对GDP的贡献很大[34]。

马树才等(2001)利用基础设施资产存量指标建立二级三要素生产函数模型,测算出基础设施资本存量对经济增长的拉动作用,发现基础设施对经济增长的边际产出大于非基础设施对经济增长的边际产出[35]。

清华大学的姜轶嵩等(2004)采用永续盘存法(PIM)分析了我国1985~2002年的基础设施存量。通过构建C-D生产函数,估算出基础设施投资的产出弹性为0.12。从而证明了基础设施的增加,将会对我国的经济增长产生积极的推动作用[36]。

清华大学的娄洪(2004)从基础设施投资流量对经济增长的作用机制、基础设施资本存量对经济增长的作用机制、基础设施资本存量在区域经济增长中的作用机制三方面对基础设施投资与经济增长之间的关系进行了论述,指出选择基础设施领域投资既有利于防止政府支出投向竞争性领域,又能起到拉动经济增长的作用[37]。

刘伦武(2005)通过建立误差修正模型定量分析了中国及其东、中、西部地区基础设施对经济增长的推动作用。在模型中,分析了中国及其东、中、西部三大地区基础设施投资GDP的弹性系数,认为其弹性大,推动效率高。结果表明基础设施对经济增长的作用明显[38]。

2)农村基础设施对农村经济影响研究

林后春早在1995年就从农业、工业和基础设施间的相关关系方面阐明与揭示了我国农业基础设施建设长期不足的重要原因[39]。

石爱虎等(1996)认为,农业基础设施在农业发展中的经济效应体现为物质基础效应、效率提高效应和结构变动效应。关于农业基础设施投资与农业经济增长的关系,还需要针对具体国家、具体时期的经济现实进行具体和必要的实证分析[40]。

钱克明(2002)的研究表明,政府农村教育投资对农牧业产值增长的贡献高于农村公共基础设施投资。每增加1元农村教育投资,可使农牧业产值增加8.43元,而每增加1元农村公共基础设施投资,可使农牧业产值增加6.75元。而且政府每增加1元农村教育投入,可减少农牧户物质费用6.64元[41]。

樊胜根等(2002)发现在降低扶贫率和提高农业生产率中起作用的13项因素中,增加基础设施(尤其是道路)投资的作用居于第3位[42]。

李锐(2003)[43]、方芳等(2004)[44]运用C-D生产函数模型等不同的分析工具,得出农村基础设施建设存在减缓贫困、促进经济增长和农民增收等正外部性的结论。

Xiaobo Zhang等(2004)对中国农村公共投资与地区差异的关系进行了讨论。研究结果表明,在欠发达的西部地区所有种类的投资都降低了地区差异,而在沿海和中部地区的投资则加剧了地区不平等。其中,在西部地区的农村教育投资和农业研发投入对减小地区差异有极其深远的影响[45]。

刘伦武(2006)[46]和孔群喜等(2007)[47]建立误差修正模型,使用脉冲响应函数和预测方差分解描述中国农业基础设施发展与农村经济增长之间的动态相关性,结果表明农业基础设施的落后阻碍了农村经济增长。因此,应把发展农业基础设施作为实现农村经济持续增长的重要基础,保持农村经济增长与农业基础设施协调发展。

此外,沈坤荣等(2007)[48]、杨永忠等(2008)[49]和彭代彦等(2008)[50]以农村公共产品为视角来考察基础设施投资对产出、民间投资、农民满意度和全要素生产率等宏观经济变量的影响。

3)农村基础设施对农户收入弹性分析

彭代彦(2002)的计量分析表明,乡村道路建设和农村医疗卫生设施在降低农业生产支出与增加农民收入方面具有显著作用,而农业科研和科技推广服务却起到相反的作用[51]。

刘晓昀(2003)等通过分析贵州农户的调查数据得出,贫困地区乡镇基础设施投资对农户人均收入和家庭消费支出有着积极作用[52]。

朱国忱(2006)从乘数效应出发,得出了农村基础设施投资在增加农民收入和刺激农民消费方面具有很大作用的结论[53]。

胡振虎等(2007)认为农村公共基础设施对农村经济发展和农民增收的促进是有条件的,其表示农村公共基础设施投资对农村经济增长和农户的影响往往因为农户的人力资本状况不同、政府公共投资和农民投资比重不同而存在显著差异[54]。

张亦工等(2008)通过运用全国数据测算了我国农村基础设施建设农民增收弹性系数,使用协整检验方法和Granger因果检验方法检验了财政支农与农民增收的因果关系，进而提出了整合财政支农资金、重塑财政支农资金管理新机制，增加农村基础设施建设以增加农民收入等政策建议[55]。

1.3.2.4 农村基础设施其他方面研究

农村基础设施和农村公共产品、社会主义新农村建设密不可分。相关研究情况如下。

1）*以农村公共产品为视角的研究*

由于农村基础设施大多具有公共产品或准公共产品的属性，故长期以来，各级政府被视为其主要提供者。并且，投资一般是通过国家财政拨款、转移支付等形式由政府来完成的。对此，不少学者从公共财政的视角对农村基础设施的供给问题进行了较为深入的研究[56,57]。

贾康等（2006）认为，由于管理体制和决策机制方面的原因，在农村，包括基础设施建设在内的许多公共服务供给严重背离农户需求[58]；林万龙（2007）也认为，目前我国农村公共服务领域存在大量的结构性供求失衡，而这种失衡的一个重要表现是政府的公共支出项目与农户的公共服务需求不相符[59]；徐双敏（2006）以湖北咸安乡镇在综合配套改革中转变观念、创新机制，取得了显著的成效为例，认为在农村公共产品供给效率问题上，应注重解决政府的职能定位模糊、政府职能行使方式单一以及政府工作评价机制不完善等问题[60]。

2）*以社会主义新农村建设为视角的研究*

我国著名学者林毅夫早在1999年就强调加强农村基础设施投入力度，又在2000年提出应该把更多的资金用来支持农村跟生活有关的各项基础设施，以释放农村的存量购买力[61]。之后他（2001）又进一步指出加快农村基础设施建设可以直接改善农民的生活质量，消除过剩生产能力，有利于农村产业、就业结构调整，增加农民收入[62]。在2006年审议通过的“十一五”规划纲要中，林毅夫教授提出建设社会主义新农村的切入点是发展农村公共基础设施建设[63]。

杨建良等（2004）强调了农村基础设施建设对“三农”问题解决的重要意义[64]；周法兴（2006）针对建设内容、投资需求、资金来源和政府投资管理四大难题，具体阐述了社会主义新农村基础设施建设[65]；杨豪(2006)认为解决"三农"问题的主要思路在于促进农民增收的多样性、加快小型基础设施建设(如小的基础设施项目)及保持政策的连续性和稳定性等方面[66]。

3)资本存量测算的研究

资本是人类经济活动的基本要素之一,在古典和新古典增长理论中,资本对增长的作用被提到极其重要的高度,经济增长被认为主要是积累足够的资本,从而可以运用劳动和资本在经济上进行最有效的组合的结果。现代经济增长理论在注意到技术进步、人力资本和制度安排对经济增长重要作用的同时,仍然十分注重资本对经济增长的影响。乔根森(D. Jongenson)[67,68]测算了美国1909~1949年资本增长对国民收入增长的贡献为12.5%。

正如许多利用总量数据计算经济增长率或全要素生产率的研究已经指出的,计算经济增长率或全要素生产率的关键是对产出与投入数据的科学计量,特别是资本数据的计量尤其重要。而对于那些直接考察投资相关问题的研究来说,资本数据更是不可或缺的。已经有一些研究对中国的总量资本存量进行了估算,在这方面比较有代表性的研究如下所示(简单列示了各自的研究思路,具体的研究内容将在下一章予以阐述)。

张军扩(1991)进行了资本要素投资增长率的估算,选取1952年为基期,估计了1952~1990年各年资本存量[69]。

贺菊煌(1992)在现有资料的基础上,估算了历年按可比价格计算的生产性资本和非生产性资本存量[70]。

李京文等(1993)率先将乔根森的生产率测算理论与方法引入我国,并以此对我国资本投入进行研究,推导出我国分行业的有效几何折旧率的计算方法[71]。

谢千里等(1995)估计了中国国有经济的资本存量,测算了1980~1992年中国工业生产率的变动趋势,分析了计算结果的可靠性问题,给出了中国工业生产率增速下降的原因[72]。

任若恩等(1997)介绍了生产的耐用品模型,研究了永续盘存法的实际应用范围,进行了关于已有中国资本存量研究的讨论,并给出了进一步研究的可能方向[73]。

黄永峰等(2002)讨论了永续盘存法及其经济含义,对资本品寿命和相对效率递减模式进行了很好的讨论与估计[74]。

李治国等(2003)综合考察了我国生产性资本的总量水平、形成路径及其调整机制[75]。

王益煊等(2003)依靠国家统计局所掌握的详细分类资产数据以及相应的投资价格指数数据,并借鉴加拿大统计局的资本核算技术,对1981~1998年我国国有固定资产存量进行了估算[76]。

张军等(2004)通过回顾和比较研究中国资本存量的相关文献,根据永续盘存法估计了我国30个省(区、市)1952~2000年各年末的物质资本存量[77]。

目前对农村资本存量估算的文献还比较少,具有代表性的有:邹至庄(Chow G. C.,1993)利用私人可得数据估算1952年的农业资本存量为450亿元[78];吴方卫(1999)估算我国1980年的农业资本存量为1 177亿元[79];樊胜根等(2002)将中国分为7个大区,利用固定资产投资额估计了我国28个省(区、市)1978~1995年的农业资本存量[80];赵洪斌(2004)利用以1990年不变价的1979~2000年的农业固定资产投资额计算了全国农业资本存量,其中1990年农业资本存量估计值为1 818.95亿元[81];王金田等(2007)应用永续盘存法估计了1978~2005年中国及分省份的农业资本存量,其中1980年农业资本存量为1 112.19亿元[82]。

从现有研究可以看出,由于我国有关资本的历史数据不全,覆盖范围不广,分类粗略,因此可获得的数据相当粗糙且不易处理。上述研究者出于对资本范围的各自的理解,采用差异颇大的数据序列来"表示"资本数据,使得人们对于资本究竟在经济增长中作出多大的贡献感到困惑,这一点在农村基础设施对农村经济增长影响分析中表现得尤为突出。由于农村基层统计工作者的素质相对较低,加之我国统计核算制度与方法方面的缺陷(源于前苏联),在生产方面偏重于反映劳动和中间消耗,忽视资本投入及其贡献,给估计农村资本造成很大困难。

表1-4对国内农村基础设施相关研究情况进行了简单的汇总。

表1-4　国内农村基础设施研究现状汇总

研究侧重点	主要内容
投资影响因素	当地经济发展水平、村民自治情况、村民选举、农村税费改革等
投融资模式	投资主体多元化、融资来源渠道与结构、完善农村基础设施建设的工作机制等
投资实证	基础设施投资作用研究、农村基础设施对农村经济影响研究、农村基础设施对农户收入弹性影响研究等
其他方面	农村公共产品、新农村建设和农村基础设施资本存量研究

1.3.3　基础设施投资效率评价方法的研究现状

目前对基础设施投资效率的整体研究较为少见。现有的研究一般集中在传统的对单个基础设施建设项目的前期和后期的评价研究上。以财务比率作为投资评价指标进行基础设施投资效率研究，也主要是以费用－效益分析计算理论为研究基础，从现金流入手进行研究的。常见的方法有净现值（NPV）法、获利指数（PI）法、内部收益率（IRR）法和国民经济评价法等。

（1）净现值（NPV）法。该方法在项目计算期内，按行业基准收益率或其他设定折现率计算各年净现金流量现值的代数和。其计算公式为：

$$NPV = \sum_{t=0}^{n} \frac{CFAT_t}{(1+i)^t} \tag{1-7}$$

其中，NPV 表示净现值；$CFAT_t$ 表示净现金流量，C 表示现金，F 表示流量，T 表示所得税，所以 $CFAT$ 表示每年税后现金净流量；t 表示流量的始点；i 表示折现率。若 $NPV \geqslant 0$，则项目可行；若 $NPV < 0$，则项目不可行[83]。

该方法的优点是综合考虑了资金时间价值、项目计算期的全部净现金流量和投资风险；其缺点是无法从动态的角度直接反映投资项目的实际收益率水平，而且计算比较麻烦。

(2)获利指数(PI)法。该方法是指投产后按行业基准收益率或设定折现率折算的各年净现金流量的现值合计与原始投资的现值合计之比。其计算公式为:

$$PI = \frac{\sum_{t=s+1}^{n} NCF_t(P/F,i,t)}{\sum_{t=0}^{s} NCF_t(P/F,i,t)} \tag{1-8}$$

其中,分子表示经营期各年净现金流量的现值之和;分母表示在建设期发生的各年净现金流量的现值之和。NCF_t 为 0 到 n 期每年净现金流量,$(P/F,i,t)$ 为折现率为 i、折现期为 t 的复利现值系数。当获利指数 PI 大于 1 时,方案可行;若 PI 小于 1,则方案不可行[84]。

该方法的优点是可以从动态的角度反映项目投资的资金投入与总产出之间的关系;其缺点是无法直接反映投资项目的实际收益率,计算相对复杂。

(3)内部收益率(IRR)法。该方法是指项目投资实际可望达到的收益率。实质上,它是能使项目的净现值等于零时的折现率[85,86]。

IRR 满足下列等式:

$$\sum_{t=0}^{n} [NCF_t(P/F,IRR,t)] = 0 \tag{1-9}$$

当项目投产后的净现金流量表现为普通年金的形式时,可以直接利用年金现值系数计算内部收益率,公式为:

$$(\frac{P}{A},IRR,n) = \frac{1}{NCF} \tag{1-10}$$

内部收益率法的优点是可以从动态的角度直接反映投资项目的实际收益水平,不受行业基准收益率高低的影响,比较客观。其缺点是计算过程复杂,尤其是当经营期大量追加投资时,又有可能导致多个 IRR 出现,或偏高或偏低,缺乏实际意义。

(4)国民经济评价。国民经济评价是指站在国家整体的角度,根据国民经济长远发展目标和社会需要,按照资源合理配置的原则,采用货物影子价格、影子汇率、影子工资和社会折现率等国家经济参数,分析评估项目对国民经济发展战略目标和社会福利的实际净贡献,衡量项目在经济上的合理性。这是对微观项目的宏观经济分析评估。因此,国民经济评价是项目评估的关键环节,是经济评估的重要组成部分,亦是项目投资决策的主要依据。其主要目的是考虑如何把有限的资源有效地分配到对国民经济贡献最大的项目中去,即寻求有限资源的合理配置,才是解决资源短缺的有效途径,才能保证国民经济持续、稳定发展[87]。

国民经济评价的重要作用:一是作为项目决策的重要依据,国民经济评价结论不可行的项目,一般应予否定;二是对项目进行优化。当前应当特别强调要从国民经济的角度评价和考察项目,要支持和发展对国民经济贡献大的产业项目,要特别注意制止和限制对国民经济贡献不大的项目。正确运用国民经济评价方法,在项目决策中可以有效地察觉盲目建设、重复建设项目,可以有效地将企业利益、地区利益与全社会和国家整体利益有机地结合和平衡。

1.3.4　研究现状评述

表1-5对现有研究进行了简单综述,主要从研究内容、研究视角和研究方法三个维度进行。

现有的国内外研究成果,对于本书研究具有重要的借鉴意义和参考价值,有些被广泛验证的结论构成了本书研究的理论基础,例如永续盘存法和DEA模型等。首先,基础设施对经济发展所发挥的积极作用以及二者之间关系等研究成果成为本书研究的重要前提。中外学者通过各种方法论证了基础设施投资与经济增长的相关性,政府部门必须全面地、大规模地在基础设施部门进行投资,以加速经济增长。其次,基础设施投融资的研究成果表明了基础设施投资主体从政府转向政府与市场的多元化发展趋势,这一趋势对于研究中国农村基础设施投资效率具有指导意义。最后,政府在农村基础设施投资中的责任不可忽视。尤其对于研究中国农村基础设施投资来说,在城乡发展存在差别的情况下,如何加强政府对基础设施的投资和管理,如何发挥财政资金对农村基础设施价值补偿的重要作用,如何制定相关优惠政策引导更多的参与者投入基础设施建设管理等都是面临的关键性问题。

表 1-5　现有研究的简单综述

侧重点	现有成果	不足
研究内容	大多集中在研究农村基础设施与经济增长的关系、农村基础设施对私人投资或生产的影响方面；农村公共产品供给机制分析、农村基础设施的作用阐述和强调加大公共事业的投资等方面	缺少关于农民对关系其真正生活的基础设施的研究，缺乏针对农村基础设施投资效率的基础性理论研究； 目前文献没有测算出农村基础设施资本存量、农村基础设施对经济增长的推动力； 缺少分地区研究农村基础设施投资效率相对有效性的分析
研究视角	大多数都是从政治学、经济学、社会学等单一的学科视角出发进行讨论	缺少从综合的角度系统进行农村基础设施投资效率的研究；也缺少从不同区域的角度进行的深入研究
研究方法	理论上定性探讨的多，较多涉及加大农村基础设施投资力度方面的内容	缺少定量的实证研究成果

通过大量文献的阅读和总结，结合表 1-5 的相关内容，综合分析国内外相关研究现状，可以看出以下问题和特点：

(1)农村基础设施投资研究日渐成为研究热点问题。近年来，农村基础设施问题已经引起学术界的高度关注，理论界对农村基础设施的概念、作用机制及投融资问题进行了大量的研究，同时针对农村基础设施的发展和投融资中存在的问题也提出了大量的对策措施。随着研究不断深入，取得了大量的研究成果。这些成果说明，对农村基础设施问题的研究正不断取得新的进展，为加快社会主义新农村建设和解决"三农"问题提供了理论依据。正是基于以上众多学者的研究成果，本书展开了论述。

(2)农村基础设施资本存量研究较少。科学地规定资本的范围来度量资本投入数值，对于经济增长分析起着十分重要的作用。大多数研究经济增长的学者已经达成共识,即用资本存量作为度量资本投入的指标是合适的。然而现有的文章主要关注加大农村基础设施投资力度的必要性分析,侧重于定性方面的研究,而对农村基础设施资本存量进行研究的文章较少。仅有的涉及该方面内容的文章也只是泛泛给出了测算结果,而对其数据来源和所选用的测算方法则无从考证。

正如许多利用总量数据计算经济增长率或全要素生产率的研究已经指出的,计算经济增长率或全要素生产率的关键是对产出与投入数据的科学计量,特别是资本数据的计量尤其重要。而对于那些直接考察投资相关问题的研究来说,例如农村基础设施投资拉动农村经济增长的实证研究和农村基础设施投资贡献度的研究,资本数据更是不可或缺的。因此,农村基础设施资本存量的测算至关重要。

(3)农村基础设施投资经济绩效测算研究较少。从现有研究看,国内学者的研究大多侧重于以下几个方面:农村公共产品供给机制、农村基础设施的作用、加大公共事业的投资和“三农”问题解决方法等。但现有研究很少触及农村基础设施投资经济贡献度方面。在这样的历史背景和现实环境中,本书在对农村基础设施资本存量定量测算的基础上,以提高农民收入、降低农民支出和促进农村经济发展为视角,科学测算出包括农村道路、自来水设施和电力设施在内的农村基础设施投资的经济贡献度。在新农村建设资金有限的情况下,农村基础设施投资经济绩效测算的研究有利于合理确定农村基础设施投资顺序,优化配置资源,从而加快新农村建设的步伐。

(4)动态进行农村基础设施投资效率的研究工作尚未系统展开。目前文献中对农村基础设施投资效率的概念还没有清晰的认知,缺少对农村基础设施投资效率的影响因素剖析。现有的基础设施投资效率财务指标评价方法更多地集中在单个项目的微观投资效益研究上,即每花出一元钱在该项目上能够在未来带来多少收益,没有充分考虑基础设施投资和国民经济之间的特殊关系及影响。以生产函数法、成本函数法和向量自回归法为主的基础设施投资贡献研究模式,虽然研究了基础设施投资和国民经济的关系,却不能直观看出不同经济发展时期、不同地区投资效率的变化,也都没有进行农村基础设施投资效率变化的内在推动力的研究。目前已有的文献大多数都是从政治学、经济学、社会学等单一的学科视角出发进行讨论，缺少从综合的角度系统进行农村基础设施投资效率的研究。同时，也缺少从不同区域的角度进行的深入研究。

1.4 本书研究内容和研究方法

迄今为止，我国还没有对农村基础设施的发展进行类似本书这样的深入研究，即使从国际范围看，有关基础设施发展的研究也是零散进行的。本书研究的特点有：相关概念的界定，深入剖析农村基础设施投资存在问题的原因；永续盘存法的引进，将农村基础设施发展作为一个存量的过程，重点研究其拉动经济的推动力，测算包括道路、自来水设施和电力设施在内的农村基础设施投资的经济绩效；投资效率的评价，通过划分东中西部 29 个省（市、区）决策单元，进行农村基础设施投资效率的相对有效性和全要素生产率的研究。从这个意义上说，本书的研究虽不能达到完美境地，但亦具有开拓性意义。

1.4.1 研究内容及其逻辑框架

1.4.1.1 本书研究内容

本书在分析国内外农村基础设施研究近期文献的基础上，针对当前农村基础设施投资存在的急需解决的具体问题，对农村基础设施投资效率进行了全面研究，提出切实可行的有针对性的政策建议，以期建立高效的农村基础设施投资体制，主要研究内容包括：

（1）绪论。提出问题，指明本书的研究目的及意义；综述了农村基础设施国内外相关研究情况，并对二者的研究现状进行了简要的评述；提出了本书主要研究内容与研究方法。

（2）农村基础设施投资效率问题剖析。界定基础设施、农村基础设施的概念和特点，明确农村基础设施投资效率的含义及其影响因素，进行农村基础设施投资总量分析，进一步剖析农村基础设施投资效率存在问题的形成原因。

(3)农村基础设施资本存量研究。利用永续盘存法(PIM)，进行1978~2007年农村基础设施资本存量的测算；在此基础上利用Eviews 5.0统计分析软件，运用计量经济分析中的一系列主流方法，实证研究农村基础设施资本存量对农村经济的推动作用；构建双对数型生产函数模型，进行包括道路、自来水和电力设施在内的农村基础设施投资绩效的测算。

(4)农村基础设施投资效率相对有效性研究。首先，全面详细阐述DEA方法的思想和工作过程；其次，构建基于DEA方法的农村基础设施投资效率相对有效性模型，即C^2R模型和BC^2模型，选取2001~2007年面板数据和模型所需的指标体系，对相关变量进行处理；最后，对我国东中西部29个省(市、区)农村基础设施的投资效率相对有效性进行动态研究。

(5)基于Malmquist-DEA的农村基础设施投资效率测度。在相对有效性研究的基础上，采用了基于DEA的Malmquist生产率指数，进一步分解农村基础设施投资效率指标，利用1990~2007年东中西部29个决策单元的面板数据，分析了各年度以及决策单元的投资效率变化(*MPI*)情况及其组分变化趋势。

(6)提升农村基础设施投资效率政策建议。在前文研究的基础上，针对农村基础设施投资总量不足、投资效率低下和投资管理体制不完善等问题，提出了切实可行的政策建议：加大农村基础设施投资力度；合理确定农村基础设施投资重点；改善农村基础设施投资决策方式；创建高效的投资运营管理体制；推进科技创新，注重环保，进行可持续发展的新农村建设等。

1.4.1.2 本书逻辑框架

本书的研究逻辑结构如图1-1所示。

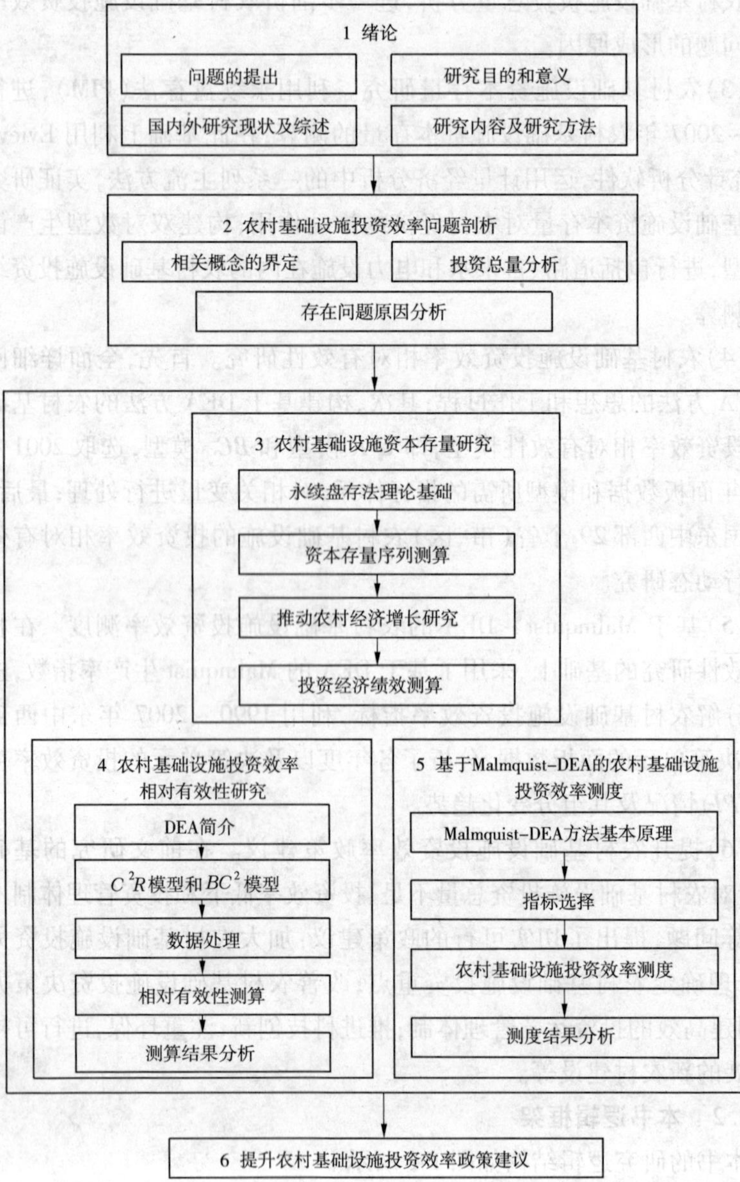

图 1-1 本书的研究逻辑框架

1.4.2　研究方法及技术路线

1.4.2.1　本书研究方法

经济理论研究必须建立在真实可靠的数据和事实上。经济现象是纷繁复杂的，经济理论研究的目的并不是描述经济生活和经济过程，而是在掌握大量数据和案例的基础上进行去伪存真、弃粗取精的抽象甄别，从而认识或接近现象的本质。

目前农村基础设施投资不足和投资低效现象非常突出。认识这一现象的本质、生成机理和经济影响是经济理论与经济实践的一项重大任务，需要扎实的理论功底和透彻的分析方法。本书在研究中国农村基础设施投资效率时，通过收集、调查和分析国内外有关研究状况，借鉴国内外在基础设施投资、建设等领域的最新相关研究成果，力图采用多种研究方法，抓住问题的本质，以期深入系统地探寻提高农村基础设施投资效率的途径。

(1)从抽象到具体的分析方法。本书理论体系的构造过程是一个从抽象到具体的过程。首先在现有研究基础上，界定农村基础设施的概念及其经济属性，进行了农村基础设施投资现状分析，显得比较抽象、概括。然后就进入具体的研究过程，具体到农村基础设施资本存量测算、农村基础设施经济绩效测算研究和东中西部29个省(市、区)农村基础设施投资效率分析等，提出一系列切实可行的提升农村基础设施投资效率的政策建议，从而使全书形成一个大致完整、合乎逻辑的理论框架，为解决我国农村基础设施投资的实际问题服务。在对国外理论体系的借鉴问题上，也立足于我国发展阶段的一些特点和要求，进行分析研究。

(2)理论研究与实证分析相结合。本书深入研究公共产品理论、永续盘存法和投资理论，特别注重结合我国农村当前经济、政治、社会发展的实际情况，在构建和谐社会思想指引下，切实剖析农村基础设施投资不足的内在机理，寻找具有实践指导意义的、可行的解决方法。同时,选取东中西部 29 个省(市、区)农村基础设施面板数据进行实证研究。

本书在进行理论研究时,注意观点的可检验性;在进行实证分析时,注意事实的可测性,从而力求使全书的研究具有可操作性,使所提出的政策建议具有应用价值。

(3)定性分析与定量分析相结合。本书在定性分析的基础上,应用了较多的定量分析方法,综合运用时间序列数据和面板数据,采用系统预测、现代统计分析、系统优化、技术经济分析等多种数量经济分析方法,进行农村基础设施资本存量研究;在确定变量和考虑各种影响因素的基础上,利用 Eviews 5.0 统计分析软件,构建经济绩效测算模型,进行农村基础设施投资贡献度研究;同时基于 DEA 模型和方法,利用 DEAP 2.1 统计分析软件,对 29 个省(市、区)农村基础设施投资效率进行定量分析,从而明确投资效率较为理想的标杆决策单元,为其他决策单元农村基础设施投资效率的改进提供参考。

(4)历史与发展相结合的动态分析。由于农村基础设施是经济发展的基础,任何国家的经济发展都要经历基础设施的集中大规模发展时期,只不过有些国家发展得早些,有些国家发展得晚些。那些已完成基础设施集中大规模发展阶段的国家(多为发达国家)的先进经验和教训无疑为我国农村基础设施的发展提供了有益的参考。根据西方发达国家基础设施发展规律,结合新时期我国外部经济和制度环境的变化,从不同侧面揭示农村基础设施投资效率问题,不仅包括纵向农村基础设施时序发展,而且进行东中西部农村基础设施投资效率横向比较,对农村基础设施投资效率问题进行动态的研究,用辩证的发展的眼光看问题,既尊重历史,又反映时代特征。

1.4.2.2 本书技术路线

按照提出问题、分析问题和解决问题等环节进行本书的撰写(如图 1-2 所示)。

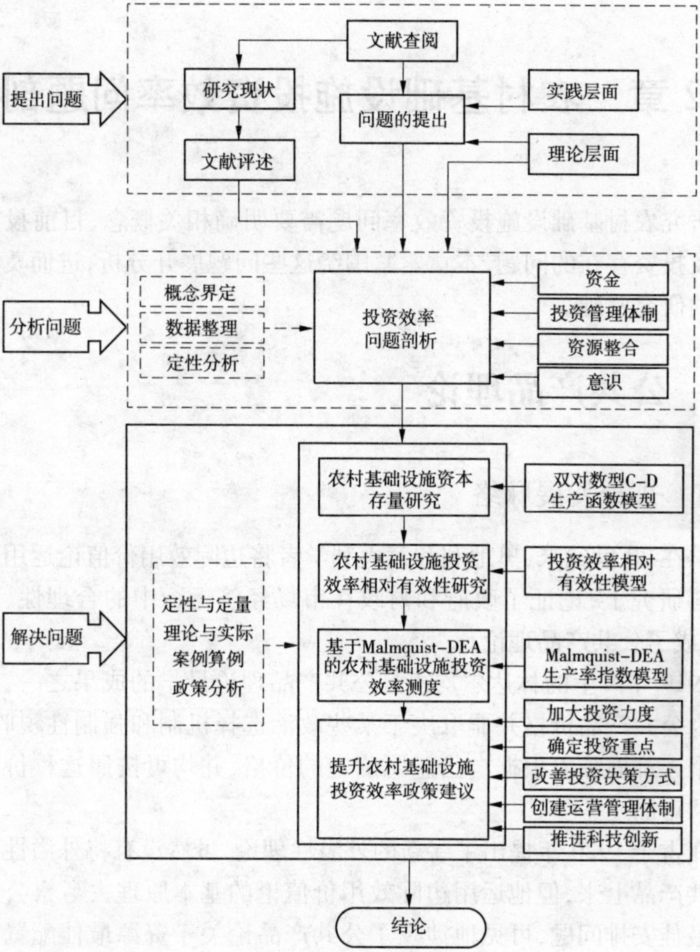
提出问题
文献查阅
研究现状
实践层面
问题的提出
文献评述
理论层面
分析问题
概念界定
数据整理
定性分析
投资效率
问题剖析
资金
投资管理体制
资源整合
意识
解决问题
农村基础设施资本
存量研究
双对数型C-D
生产函数模型
农村基础设施投资
效率相对有效性研究
投资效率相对
有效性模型
定性与定量
理论与实际
案例算例
政策分析
基于Malmquist-DEA
的农村基础设施投资
效率测度
Malmquist-DEA
生产率指数模型
加大投资力度
确定投资重点
提升农村基础设施
投资效率政策建议
改善投资决策方式
创建运营管理体制
推进科技创新
结论

图 1-2　本书技术路线

第2章 农村基础设施投资效率问题剖析

研究农村基础设施投资效率问题需要明确相关概念、目前投资现状以及投资存在的问题，本章紧紧围绕这些问题展开分析，进而奠定了本书的研究基础。

2.1 公共产品理论

2.1.1 理论发展脉络

早在20世纪末，奥地利和意大利学者将边际效用价值论运用到财政学科研究上，论证了政府和财政在市场经济运行中的合理性、互补性，形成了公共产品理论。

1919年产生的林达尔均衡是公共产品理论最早的成果之一，该理论认为公共产品价格并非取决于某些政治选择机制和强制性税收，而是每个人都面临着根据自己意愿确定的价格，并均可按照这种价格购买公共产品[88]。

庇古于1920年提出了崭新的外溢性理论，虽然没有将外溢性扩大到公共产品上来，但他运用边际效用价值论的基本原理去考察公共支出的最佳安排问题，可见他涉及了公共产品论关于资源最佳配置的基本内容[89]。

萨缪尔逊1954年、1955年分别发表《公共支出的纯粹理论》和《公共支出理论的图式探讨》，提出并部分解决了公共产品理论的一些核心问题，给出了公共产品比较精确的分析性定义。例如，如何用分析的方法定义集体消费产品，怎样描述生产公共产品所需资源的最佳配置的特征。他在《公共支出的纯粹理论》一文中将公共产品定义为这样一种产品：每一个人对这种产品的消费并不减少任何他人也对这种产品的消费。这一描述成为经济学关于纯粹的公共产品的经典定义[90,91]。

1956 年蒂鲍特(C. M. Tiebout)发表了论文《一个地方支出的纯理论》,随即出现了大量关于地方公共产品的文献。他认为,地方公共产品问题指:一些公共产品只有居住在特定地区的人才能享用,因此个人可以通过迁居来选择他消费的公共产品[92]。

布坎南在 1965 年的"俱乐部的经济理论"中首次对非纯公共产品(准公共产品)进行了讨论,使公共产品的概念得以拓宽,他认为只要是集体或社会团体决定,为了某种原因通过集体组织提供的物品或服务,便是公共产品[93]。

20 世纪 70 年代以后,公共产品理论的发展主要集中在设计多种多样的机制,以保证公共产品的有效提供。目前大多学者主要研究公共产品的帕累托效率问题,其侧重点为:不仅要考虑社会总资源的有效配置问题,还要考虑在公共经济内部如何有效使用资源的问题。

2.1.2　公共产品的分类及特点

2.1.2.1　公共产品分类

按照竞争性、非竞争性、排他性和非排他性,可将公共产品分为以下四类,即纯私人产品、公共池塘资源、纯公共产品和俱乐部产品(见表 2-1 和图 2-1)。

表 2-1　公共产品特点

名称	特点
纯私人产品	排他成本较低 由私人公司生产 通过市场分配 通过销售收入融资

续表 2-1

名称	特点
公共池塘资源	产品利益由集体消费但受拥挤约束 由私人公司生产或直接由公共部门生产 由市场分配或直接由公共部门分配 通过销售收入融资或通过税收筹资
纯公共产品	很高的排他成本 直接由政府生产或由与政府签约的私人企业生产 通过公共预算分配 通过强制性税收筹资
俱乐部产品	含外在性的私人产品 私人企业生产 通过含补贴或矫正税收的市场分配 通过销售收入筹资

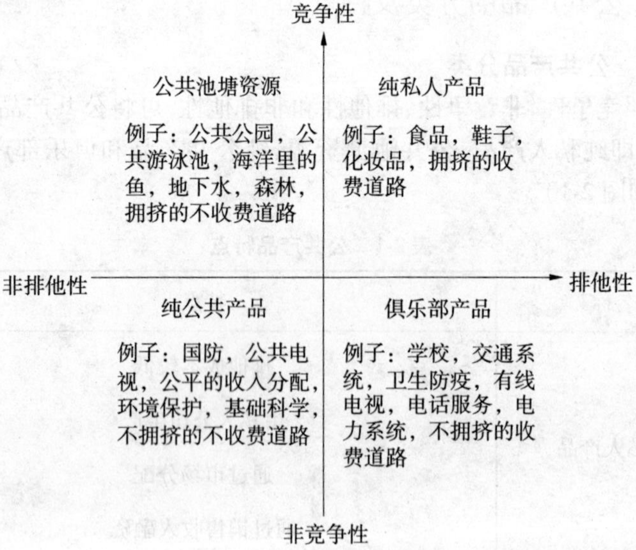

图 2-1　公共产品分类

2.1.2.2　公共产品特点

主要从消费的非竞争性和消费的非排他性两方面论述：

(1)消费的非竞争性(Non - rivalry)。公共产品的消费通常具有非竞争性，消费者或消费数量的增加不会引起该物品生产成本的增加。换言之，公共产品的非竞争性意味着增加的消费者引起的社会边际成本为零。在公共产品的消费上，人人都可获得相同的利益，一个人的享受并不妨碍另一个人的享受。例如，一条公路上行人的增加，一般不会引起建造这条公路的成本费用增加，同时，也就不会使消费者在其他方面的消费减少，这意味着一个人对公共产品的消费不会减少或干扰其他人对同一公共产品的消费，即从技术上不排除他人也消费的可能，这就是所谓的免费搭车行为。尽管新增加消费者的边际费用等于零，但提供公共设施的费用并不为零。这一费用必须通过某种途径加以补偿，否则公共产品的供给亦为零。因此，公共产品不能遵从边际定价原理定价，在产品提供上也不能完全按照私人物品提供方式提供。

(2)消费的非排他性(Non - excludability)。非排他性是指某个消费者在消费某种公共产品时，他不能同时排除其他人也能消费这种物品，或者，至少要花费高昂的成本才能阻止其他人从中受益。例如，每个消费者都可以从国防、路灯等设施中获得好处，而不会出现一个人享受到它的好处，其他人就不能享受的情况。这与私人物品有所不同。又如，教育机构提供的基础研究成果，或者法律机构提供的法律保护等，所有的社会成员都能从中受益。对于存在一定竞争性的经济基础设施来说，这种非排他性也是明显的。而私人物品具有排他性，一个人付款获得一种商品的消费权之后，其他人就不能享用这种物品的全部效用。

公共产品的两个特征表明，它是一种供人们共同消费的物品，其非排他性特征说明排斥他人消费是不可行的，即使技术上可行，代价却十分昂贵，在经济上也是不可行的。也许，对有些公共产品来说，随着技术的发展，可以做到排他，且成本降低了，则可引进市场机制，运用收费的方式，由私人提供。在排斥技术发明以前，公共供应是需要的。公共产品供给上的非排他性，意味着消费者可以做一个“免费搭车者”，无偿而又平等地享用公共产品。但同排他性特征比较起来,公共产品的非竞争性是更为本质的特征,其非竞争性特征说明排斥他人消费是不合理的、无效的。由于非竞争性的原因,即使排他性在技术上是可行的,它也使排他性成为无效的、不合理的。

公共池塘资源(也称共有资源),在消费上具有竞争性,但是却无法有效地排他。由于其很难排他,所以由私人部门提供此类产品往往缺乏积极性;同时由于其又具备竞争性,具有拥挤性的特点,因而一定又是公众需要的产品。这就容易造成这类产品供不应求。解决的方法有两种:一种是解决排他性的问题,通过改变和增加排他技术和手段,提高这类产品的使用门槛,从而限制其竞争性,缓解竞争程度。这实际上是走市场化的思路。另一种是着重解决竞争性的问题,即多提供此类产品,减少拥挤。这里,由于私人没有积极性,所以必须由政府来出资提供。因为融资等方面的困难,政府提供也可能出现供给不足的问题。

另外,这里还涉及有关公共服务理念和目标的问题。应该指出,与市场提供产品追求利润最大化的目标不同,政府提供公共产品的首要目标是"服务最大化",即公共产品和服务必须尽可能地满足最大多数老百姓的需要,而不仅仅是满足少数人的需要,通过设立门槛增强排他性将最需要的大多数公众排除在外。因此,解决竞争性的思路应该是首选。

俱乐部产品,在消费上具有非竞争性,但是可以比较容易地做到排他。这类产品主要包括具有自然垄断性质的产品(如电力系统、电话系统等)和具有外部性的产品(如教育、医疗保健和卫生防疫等)。由于在技术或制度上容易实现排他,所以私人部门具有提供这类产品的积极性和经济动力。政府在这个领域要做的是矫正外部性和维持有效竞争:一方面,保证自然垄断产品的提供效率;另一方面,将外部效应内在化以后再交由市场承担。

事实上,这两类产品介于纯私人产品和纯公共产品之间,都属于准公共产品的范畴。准公共产品一般具有拥挤性的特点,即当消费者的数目增加到某一个值后,就会出现边际成本为正的情况,而不是像纯公共产品,增加一个人的消费,边际成本为零。准公共产品到达拥挤点后,每增加一个人,将减少原有消费者的效用。由于拥挤点的存在,一些共享的产品必须进行排他性的安排,以避免由于消费者数量增加而降低消费的质量。但是,值得注意的是,俱乐部产品由于初始投资往往很大,其使用人数一般远未达到拥挤点,因而通常是非竞争的(如手机网的设计最大容量通常是几亿人,而实际使用人数往往远未达到);公共池塘资源则一般远远超过拥挤点,具有极强的竞争性(如公共公园的最大游客容量可能是 2 万人,但往往有 10 万人进园游玩)。这就要求政府提供适当的制度安排。

作为公共产品组成之一,农村基础设施具有典型的公共产品属性,分析农村基础设施投资情况时应按照公共产品特点加以分类,具体问题具体分析,争取实现最优化处理。

2.2　相关概念的界定

2.2.1　基础设施

2.2.1.1　基础设施概念

基础设施(Infrastructure)又译为基础结构,最早见于 20 世纪 50 年代初北大西洋公约组织对一个国家发动和应付战争的能力的研究,之后成为发展经济学的研究内容。通过对现有文献进行归纳整理,在解释"基础设施"一词时都不约而同地采用了不完全列举法。其包含的内容大致经历了三个阶段的演进,即军事基础设施(以《韦氏词典》为代表)、广义基础设施(以发展经济学家罗森斯坦·罗丹为代表)和经济基础设施(以世界银行 1994 年发展报告为代表)。

世界银行在 1994 以基础设施为主题的发展报告中,对基础设施与发展的关系进行了研究,探讨了发展中国家改善基础设施服务的提供及其质量的方式。该报告对基础设施的定义为"永久性的工程构筑、设备、设施和它们所提供的为居民所用和用于经济生产的服务"。该报告着重讨论经济基础设施。报告认为,基础设施种类繁多,其中经济基础设施主要包括三部分:①公共设施,如电力、电信、自来水、卫生设备和排污、固体废弃物的收集和处理、管道煤气等;②公共工程,如公路、大坝和排灌渠道等水利设施;③其他交通部门,如铁路、市内交通、港口、水路以及机场等。概括起来,它涵盖了交通运输、通信、电力、水利及市政基础设施。此年度报告将经济基础设施之外的其他基础设施定义为"社会基础设施",通常主要包括文教、科研、医疗保健等方面的内容[88]。

综观国内外学者的研究,基础设施的定义有狭义和广义之分。狭义的基础设施主要是指经济性基础设施,包括交通运输、通信、电力、供排水等公共设施和公共工程等。广义的基础设施除此之外,还包括教育、法律、卫生以及行政管理等部门,但一般不包括能源、原材料等基础工业。

根据以上研究,本书认为,基础设施是指为人们生产和生活提供一般条件的物质性公共设施,它关系到国民经济整体利益和长远利益。基础设施是进行其他社会生产、生活等活动的基础,因此在整个社会中具有极其重要的地位。

2.2.1.2 基础设施分类

基础设施从不同的角度可以划分为不同的类型:①按用途来分,基础设施可分为经济类和社会类两类;②从空间分布和收益范围角度来分,基础设施可以分为全国性、区域性和局部性三类;③按服务于社会经济活动的属性来分,基础设施可分为生产性基础设施、生活性基础设施、保障性基础设施和综合性基础设施四大类。具体划分情况详见表2-2。

表2-2 基础设施类别划分

划分标准	类别名称	不完全列举
用途	经济类基础设施	公用事业设施、公共工程(大坝灌溉和道路)、其他交通设施(城市交通、航空等设施)等
	社会类基础设施	文物、教育、医疗、防疫等用于人力开发的物质基础设施

续表 2-2

划分标准	类别名称	不完全列举
空间分布和收益范围角度	全国性基础设施	三峡工程、南水北调工程和西气东输工程
	区域性基础设施	秦山核电站工程
	局部性基础设施	服务于特定生产单位的中小型基础设施项目
服务于社会经济活动的属性	生产性基础设施	主要服务于生产活动，如水利设施等
	生活性基础设施	服务于人类的生活需求，如博物馆、医院等
	保障性基础设施	防灾、公共卫生、环保、消防等基础设施
	综合性基础设施	交通、通信、电力供应等基础设施

2.2.2　农村基础设施

2.2.2.1　农村范围界定

中国现阶段农村是一个极其复杂的有机系统，包括生态、经济和社会等多方面的内容。也就是说，农村首先是一个地域概念，它包括城市以外的一切区域；其次，农村是一个经济概念，农村与自然再生产联系较大，第一产业比重较大，经济活动较分散；最后，农村是一个社区概念，农村居民的交往范围较窄，重视血缘和地缘关系，民风较纯朴，传统伦理的习惯势力大。

关于农村的范围，在具体的城市与农村划分中，世界上大多数国家通常以统计指标作为划分的依据。比如许多国家规定常住居民 2 万人以上的区域为城市，一些国家还规定了非农业人口比重、人口密度、建筑密度和居民点形态等附加条件。中国在 20 世纪 50 年代曾有明确规定，并在 20 世纪 80 年代进行了修订。但随着经济的快速发展，农村和城镇的界限越来越模糊，需重新界定。本书中农村的范围拟采用中国的传统标准和统计口径，将其确定为除城镇外的地区。农村与城镇的具体划分标准如下：

城镇是指在我国市镇建制和行政基础上，设置市政府的繁荣地区，县（旗）以上政府所在地以及原来老的工矿企业所在的镇，包括大中小城镇和城关镇。

农村是指除城镇外的地区,包括建制镇、集镇、村庄,城关镇管辖的行政村也作为农村范围进行统计分析。

2.2.2.2 **农村基础设施概念**

对农村基础设施的概念界定,我国学术界有不同的表述。彭代彦(2002)认为,农村基础设施是指那些为农民的生产和生活服务的、使用期限较长的设施[51];杨林等(2005)认为,农村基础设施是为农村经济、社会、文化发展及农民生活提供公共服务的各种要素的总和[95];鞠晴江等(2005)认为,农村基础设施是向农村生产生活提供公共产品和公共服务,并保证农村社会扩大再生产顺利进行的各种物质技术条件的总和[96]。

本书认为,作为农村公共产品的重要组成部分,农村基础设施是为农业、农村和农民生产生活提供服务的社会先行资本的总和。

新农村建设本身的首要任务就是加强农村基础设施建设。农村基础设施不仅能够通过对农业生产成本、生产效率及组织形式的影响,直接推动农业生产的发展,而且为农村非农经济发展提供良好的物质技术条件,能够直接或间接地增加农民收入,减轻农村贫困,提高农村社会福利水平。

2.2.2.3 **农村基础设施分类**

对于农村基础设施的分类和所包含的范围,近些年来中国学者有不同的论述,诸如:李成贵(2002)[97]针对涵盖内容、刘伦武(2002)[98]按照投资规模、孙开等(2005)[99]根据用途、王俊岭等(2006)[100]按照需求的轻重缓急和李志远(2007)[101]根据受益范围进行了不同的分类(具体分类内容详见表2-3)。

在此需要特别强调的是,正如目前许多经济学者研究经济增长问题时往往将基础设施作为公共资本进行研究一样,本书的研究在很大程度上是将农村基础设施作为公共资本进行研究的。因此,本书所研究的也是经济增长中的公共投资政策问题。由于对农村基础设施概念的内涵与外延的理解、所关注的重点、研究问题的出发点等不同,学者们众说纷纭,莫衷一是。本书比较倾向于根据基础设施在农村生产生

表 2-3　农村基础设施的分类

分类标准	主要内容
涵盖内容	农田水利设施,农村交通运输和通信设施,农村能源提供和服务设施,农村教育、科研、试验、推广、普及和技术咨询服务设施,农村金融、信贷和保险支持设施,以及为农村劳动力再生产提供服务的医疗、卫生、保健、文化、娱乐和体育服务设施等
投资规模	资金密集型农村基础设施(水利、电力、交通设施等) 非资金密集型农村基础设施(教育、信贷和金融机构等)
用途	生产性农村基础设施(田间道路建设、农田水利设施等) 服务性农村基础设施(农村金融、信贷和保险支持等) 流通性农村基础设施(农村交通运输设施、通信设施等)
不同受益范围	全国性农村基础设施 地方性农村基础设施 社区性农村基础设施
需求轻重缓急	生存型农村基础设施(农田水利灌溉设施、道路、饮水、供电等) 安全型农村基础设施(医疗、卫生、保健、防灾等) 提高型农村基础设施(教育、邮电通信、文化娱乐、供热燃气等)

活中的用途不同分类,即将其概括为经济类基础设施和社会类基础设施两类。按照中央文件的精神(2006 年中央一号文件),突出研究重点,切实解决现实生活中存在的问题,本书的研究将集中在具有物质资本形态的经济类基础设施投资效率分析的问题上。

2.2.2.4　农村基础设施特点

作为公共产品组成部分之一,农村基础设施具有典型的公共产品(Public Goods)属性。为便于下面章节的讨论,以及更好地反映本书所研究的问题和所阐述的政策,有必要对本书将要采用的农村基础设施的经济属性作简单的阐述。

1)农村基础设施供给上的特征

农村基础设施供给上的特征主要包括基础性和先行性、资本不可分性以及供给范围的相对外延性等方面。

(1)基础性和先行性。农村基础设施所提供的公共服务是其他农产品与服务生产所必不可少的,或者说若缺少这些公共服务,其他农产品与服务便难以生产或提供。因而,农村基础设施投资必须在时间上先于其他生产性投资。

(2)资本不可分性。罗森斯坦·罗丹提出基础设施资本是不可分的,体现在三个方面:一是在生产函数中存在不可分性(特别是从供给因素看);二是需求的不可分性;三是储蓄供给的不可分性[102]。在后面的章节我们将看到农村基础设施资本的这种不可分性,使得将农村基础设施的资本存量纳入生产函数比将基础设施资本流量纳入生产函数更为合理。

(3)供给范围的相对外延性。由于农业是国民经济的基础并属于弱质产业,以及农民的相对贫困和农村的相对不发达,在城市中可以由个人或企业来提供的基础设施,在农村中却主要由政府来提供。

2)农村基础设施消费上的特征

农村基础设施消费上的特征主要包括消费的非竞争性、非排他性、需求的多层次性和投资与使用的相对低效性等方面。

(1)消费的非竞争性(Non - rivalry)。农村基础设施的消费通常具有非竞争性,消费者或消费数量的增加不会引起该物品生产成本的增加。换言之,农村基础设施的非竞争性意味着增加的消费者引起的社会边际成本为零。在公共产品的消费上,人人都可获得相同的利益,一个人的享受并不妨碍另一个人的享受。

(2)消费的非排他性(Non - excludability)。非排他性是指某个消费者在消费某种公共产品时,他不能同时排除其他人也能消费这种物品,或者,至少要花费高昂的成本才能阻止其他人从中受益。而私人物品具有排他性,一个人付款获得一种商品的消费权之后,其他人就不能享用这种物品的全部效用。

(3)需求的多层次性。中国国土范围非常辽阔,各地的发展极不均衡,而且农村社区本身具有边缘性和生产的分散性,不同的社会经济发展水平、资源条件、区位条件和人口数量,决定了不同层次的农村基础设施需求。

(4)投资与使用的相对低效性。从经济效益上讲,由于农村地域辽阔、农民居住分散,以及农业活动具有空间上的扩散性和时间上的季节性,一方面,农村基础设施的分布密度远低于城市基础设施,投资于农村难以取得像投资于城市那样高的回报;另一方面,农村基础设施的受益范围有限,使用效率较低。

3)农村基础设施具有较大的外部经济性

在很多时候,某生产者(或消费者)的一项经济活动可能给社会上其他成员带来好处,但他自己却不能由此而得到补偿,并且这种影响不能反映在价格机制之中,这种性质被称为正外部经济性(Externality)。由于它的存在,当事人的收益与成本不对称,或者说农村基础设施的社会收益高于其他产业部门,而私人收益却低于其他产业部门。因而,农村基础设施的私人供给(投资)常常不足。同时,外部经济性是价格机制以外的人与人之间的相互影响,这种相互影响无法通过价格机制来处理,社会最多只能模仿价格机制来对此加以处理,但这又造成许多麻烦,如囚徒的困境(Prisoners' Dilemma)、公共地的悲剧。因而,只有通过新的制度安排来使其外部性内在化,用以增加社会总净收益。表 2-4显示了农村基础设施的经济属性。

表 2-4　农村基础设施的经济属性

经济属性	具体表现
供给	基础性和先行性 资本不可分性 供给范围的相对外延性
消费	消费的非竞争性 消费的非排他性 需求的多层次性 投资与使用的相对低效性
外部经济性	囚徒的困境 公共地的悲剧

2.2.3 农村基础设施投资效率

2.2.3.1 投资

主要从投资的含义和分类加以阐述：

(1)投资含义。由于各自研究领域和思考问题的角度不同，形成了多种不同的关于投资的概念界定和分类标准。

凯恩斯在其著名的《就业、利息和货币通论》中指出："投资意义，包括一切资本设备之增益，不论所增者是固定资本、运用资本或流动资本。"[103]

雷诺兹在其所著的《宏观经济学》中指出："投资定义与通俗用法大不相同。通常说，我想买股票或债券作为'投资'；而在经济学中，投资是资本物品的建设。"[104]

萨缪尔森在其《经济学》一书中对投资作了较为明确的定义："对经济学者来说，投资总是意味着实际资本形成。对大多数人们而言，投资总是意味着用货币购买几张通用汽车公司的股票，购买一块地皮或开立一个储蓄存款户头。"[105]

我国1983年出版的《经济大辞典·工业卷》对投资的定义是"一般是指经营盈利性事业时预先垫付的一定数量的资本或其他实物"。1987年的《经济大辞典·金融卷》对投资的定义是"经济主体(企业和个人)以获得丰厚利益为目的，预先垫支一定量的货币和实物，以经营某项事业的行为"。1987年的《经济大辞典·财政卷》对投资的定义是"投资在资本主义社会指货币转化为资本，在社会主义社会指货币转化为生产经营资金的过程"。

我国对投资的理解经过了基本建设投资、固定资产投资两个概念，现在对投资的理解同西方相似，包括实物投资和金融投资两种，本书的研究对象是实物投资。

(2)投资分类。和其概念情况相同，根据不同的划分标准，可以对投资进行不同的分类(如图2-2所示)。

2.2.3.2 效率

传统理论中的效率，是指在业务活动中投入与产出或成本与收益

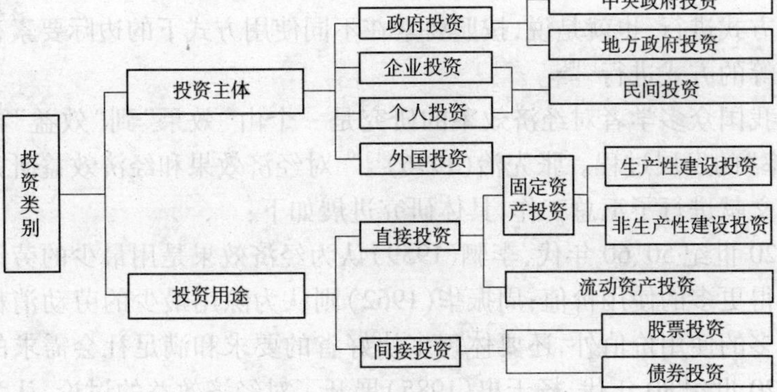

图2-2 投资类别划分

之间的对比关系,从本质上讲,它是其资源的有效配置、市场竞争能力、投入产出能力和可持续发展能力的总称。

效率是经济学中被广泛应用的概念,经济学认为资源存在稀缺性,并在此基础上研究一个社会如何进行配置才能最有效地利用资源。

马克思主义经济学十分重视对经济效率问题的研究,在马克思主义经济学家们看来,经济效率是生产率,主要是劳动生产率。经济效率问题的核心通常被理解为资源的节约,马克思归结其为"劳动时间"的节约[106]。

帕累托(1897)认为如果社会资源的配置已经达到这样一种状态,即任何重新调整不可能在不使其他任何人境况变坏的情况下,使任何一个人情况变更好,那么这种资源配置的状况就是最佳的,就是最有效率的。如果达不到这种状态,即任何重新调整而使某人境况变好,而不使其他任何一个人情况变坏,那么说明这种资源配置的状况不是最佳的,是缺乏效率的[107]。

萨缪尔森(1937)认为效率是指尽可能有效地利用该经济主体的资源以满足人们的需要和愿望[108]。

怀特赛尔(1994)认为一个经济主体在既定的生产目标下的生产能力,也就是指在恰当的生产可能性曲线上的恰当的点。这里有技术效率和配置效率两个概念。前者是指在给定技术和投入要素的情况下实际产出和潜在产出的比较，后者是指投入要素的组合按照成本最小化的方式进行，也就是说，按照要素在不同使用方式下的边际要素替代率相等的方式进行[109]。

我国众多学者对经济效率的研究是一个由“效果”到“效益”再到“效率”的发展过程。张先治(1996)[110]对经济效果和经济效益研究的有关文献进行了汇总工作，具体研究进展如下：

20世纪50、60年代，李驷(1959)认为经济效果是用最少的劳动消耗取得更多的使用价值；周振华(1962)则认为除用最少的劳动消耗取得最多的使用价值外，还要体现多快好省的要求和满足社会需求的要求。20世纪80年代，杨干忠(1985)展开了对经济效益的讨论，认为经济效益是劳动耗费与劳动成果的比较，是投入与产出的比较，是经济方面有益的效果。20世纪90年代，冯海发(1992)认为效率有广义和狭义之分，广义的效率指由既定价值的资源获得的产品价值；狭义的效率指边际产品比率与相应的要素价格比率之间相等关系的实现。经济效率也是对比投入与产出的关系。

21世纪初期，殷强(2008)认为经济效率是经济活动中投入与产出或成本与收益之间的关系，投入产出的程度、资源利用的程度(资源利用率、资源配置结构)和满足社会需求的程度[111]。

综上可知，效率包括狭义和广义两方面含义。狭义的效率最基本的含义是泛指日常工作中所消耗的劳动量与所获得的劳动效果的比率。广义的效率包含劳动、时间、资本等因素投入所得到的经济资源和非经济资源的配置状态，如功能的发挥程度、影响增加的程度等。所以，效率是一个综合性更强的指标。在研究中，人们往往根据研究主体的需要对效率的含义做不同的扩展。

鉴于本书的研究重点是农村基础设施投资效率，特将效率分为技术效率、规模效率和纯技术效率。具体含义如下：

(1)技术效率，反映生产中现有技术利用的有效程度，即技术效率反映在给定投入的情况下各决策单元获取最大产出的能力。从企业的角度考虑，技术效率是一个内生变量，是企业的产权制度、治理机制和管理者的经营能力等多种因素综合作用的结果。

(2)规模效率,反映生产规模的有效程度,即规模效率反映了各决策单元是否按在最合适的投资规模下使收益最优化进行经营。

(3)纯技术效率,它与技术效率的区别在于计算纯技术效率时没有考虑要素利用率问题所带来的效率损失。

综合投资和效率两者概念,投资效率是一种资本投入与产出之间的关系。投资效率是经济主体所取得的有效成果与所消耗的投入额之间的比率,即投资活动所得与所需、产出与投入的比例关系[112]。

2.2.3.3　农村基础设施投资效率

主要包括农村基础设施投资效率概念及其影响因素两方面内容。

1)农村基础设施投资效率概念

农村基础设施投资效率是农村基础设施投资活动所取得的有效成果与所消耗或占用的投入额之间的比率。具体而言,是指在资源稀缺及用途多样性的假设下,经济主体面对资源约束做出何种抉择以及满足自身效用的决策效果能否使资源得到最有效的使用。其核心是农村基础设施资源的配置效率和农村基础设施投资的资金使用效率。从宏观和微观角度来分析农村基础设施投资效率:宏观上,农村基础设施投资效率就是以最小的成本最大程度地满足社会公共需求,可以用产出效率和配置效率(包括规模效率和结构效率)来衡量;微观上,农村基础设施投资效率体现在具体的投资项目的效率上,以成本效益法等方法来分析。本书研究重点在于前者,即从宏观上研究农村基础设施投资效率问题。

2)影响农村基础设施投资效率的因素

影响因素主要包括农村基础设施发展战略选择、农村基础设施投资规模、农村基础设施投资资金来源、农村基础设施投资结构和农村基础设施投资管理体制五方面内容:

(1)农村基础设施发展战略选择。国际上对基础设施的发展战略选择,一般有三种代表性的理论观点:罗森斯坦·罗丹(Rosenstein Rodan P. N.)主张的"平衡大推进战略",纳克斯·钱纳里提出的"优先发展论",赫希曼的"非平衡增长理论"。通俗而言,即超前型、平行型、滞后型。超前型和平行型的发展模式都能保证国民经济各部门正常运转和居民生活的需要,不会对经济的发展造成制约,投资效率相对较高。但是超前型的发展模式存在大量的、非正常的设备闲置和能力的多余问题,且挤占了产业投资;在滞后型的发展模式下,由于基础设施发展的滞后在一定时期内会阻碍农村经济的发展,不利于整个经济效率的提高。因此,只有经济社会中的基础设施投资与其他经济部门的发展水平相适应的时候,其投资才能发挥最大的效率。可见,农村基础设施发展战略选择是影响农村基础设施投资效率的一个重要因素。

(2)农村基础设施投资规模。农村基础设施投资规模反映的是一定时期内农村基础设施领域建设投入的力度大小,包括绝对规模和相对规模。绝对规模是指一定时期农村基础设施投资的全部投入;相对规模是指一定时期农村基础设施投资占同期全社会固定资产投资和农村 GDP 的比重。农村基础设施投资绝对规模的增长能否得到保障,相对规模能否保持合适的比例,都将影响到经济发展所需农村基础设施产品服务的资金保障程度以及对支持宏观经济产出持续增长效率的发挥。

(3)农村基础设施投资资金来源。近些年来,农村基础设施投资主体经历了农村集体组织—农民—基层政府的转变。具体而言,在相当长的一段时间内,中国乡镇道路、农业技术服务以及农村文化、医疗、卫生事业的资金主要来自于农业和农民,农村集体组织成为中国农村基础设施投资最重要的力量,财政支出没有显著贡献。近年来,由于农民收入增长缓慢和农村税费改革的进行,农民慢慢淡出了农村中小型基础设施的投资建设领域。随着国家对"三农"问题的关注、加大对农村发展的扶持力度,财政资金正成为农村基础设施建设资金的最主要来源,基层政府成为农村基础设施的主要提供者。由于农村基础设施自身具有风险大、报酬率低等特性,因此在缺乏成熟项目法人运行机制的情况下,农村基础设施建设很难吸收民间资本和外来资本,这也是农村基础设施投资效率不高的影响因素之一。

(4)农村基础设施投资结构。既然农村基础设施投资是向社会提供农村基础设施产品,那么农村基础设施投资效率就应:从宏观上体现为农村基础设施投资规模要有利于实现农村基础设施产品供给总量优化，具体体现为农村基础设施投资要有利于资源宏观配置的优化和经济的稳定增长；在中观上体现为农村基础设施投资的结构要与社会成员对农村基础设施产品的需求结构相适应，并在不同地区或项目之间合理配置；从微观上体现为路、水、电等经济类农村基础设施投资结构。

(5)农村基础设施投资管理体制。农村基础设施投资管理体制是关于农村基础设施投资决策、建设、运营、监督、评价等一系列的制度安排。制度安排既可以为农村基础设施投资的决策者提供博弈规则，也可以为资金的使用者提供激励和约束的机制，进而提高农村基础设施投资的配置效率和使用效率。农村基础设施投资管理体制包括农村基础设施投资决策机制、投资建设机制、投资运营机制、投资监督机制以及投资项目后评价机制等五大要素。这些要素直接关系到项目成功与否，也直接影响农村基础设施的投资效率。

图2-3表明农村基础设施投资效率的影响因素。

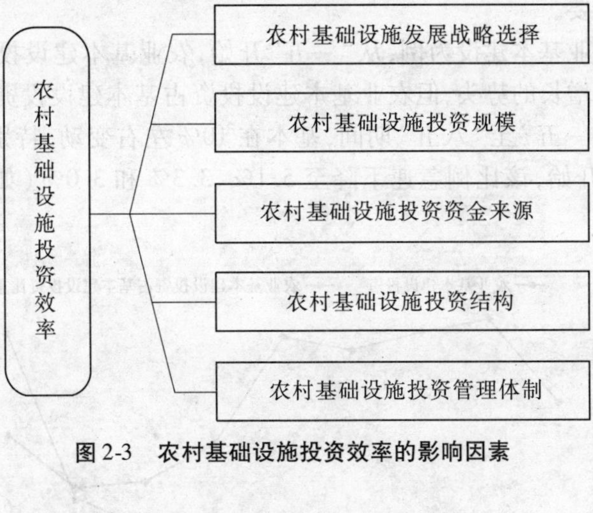

图2-3　农村基础设施投资效率的影响因素

2.3　农村基础设施投资总量分析

新中国成立以来，我国进行了大量的农村基础设施投资，基本上满足了当时农业发展需求。经过60多年的努力，已经初步建成了覆盖主要农业生产区域的农村基础设施网络,农村基础设施各子系统的内容也日益丰富,设施的网络密度有了明显提高,设施服务面与服务对象明显扩大。特别是在农田水利基本建设、乡村道路及农业技术推广等方面进行了大量的投资,极大地改善了农业生产条件,为落后地区的经济开发和发展奠定了必要的物质基础,而且也改善了原有设施的服务性能,其数量、质量、规模、种类和技术水平都得到了提高,各种设施之间的相关关联和整体耦合性能都得到了加强与改善。农业生产条件得到了较大的改善,农业综合生产能力有所提高,为农村地区的经济发展和农民生活水平的提高奠定了必要的物质基础。

从整体看,中国农村基础设施投资总量是不断增加的,但由于长期以来受传统的工业优先发展战略和城乡二元经济结构影响,再加上农业自身积累能力弱,中国农村基础设施投入总量仍严重不足且受政策影响比较大、变动非常频繁,远远滞后于农业现代化、农村经济可持续发展的需要。

以农业基本建设为例,从“一五”开始,农业基本建设投资总量保持了持续增长的势头,但农业基本建设投资占基本建设投资总额的比例偏低,“一五”至“八五”期间,基本在10%左右变动,特别是从“六五”时期开始,该比例急速下降至5.1%、3.3%和3.0%(如图2-4所示)。

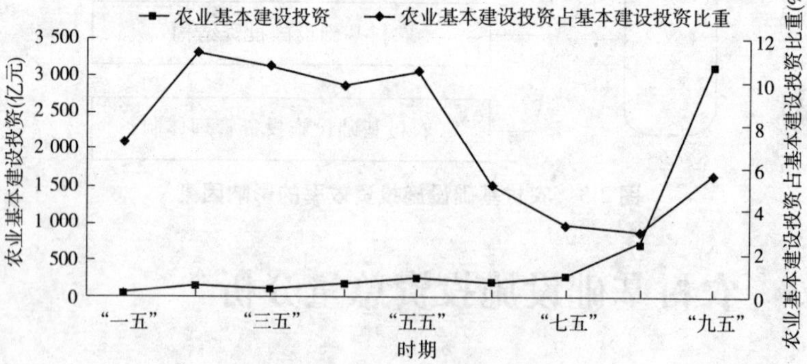

图2-4　农业基本建设投资情况

“九五”以来,国家财政开始较大幅度地增加了对农村基础设施的投入。就基本建设领域而言,1998 ~ 2004 年,中央累计安排农业基本建设投资总量超过 3 500 亿元,在国债及中央预算内投资中所占的比例均达到 30% 左右(资料来源:《中国统计年鉴(2007)》和《中国农村统计年鉴(2007)》及《新中国五十年统计资料汇编》)。这是新中国成立以来农业基本建设投入增长最快、总量最多的时期。

2001 年中央农村工作会议首次提出“六小工程”,并在近年的实践中不断扩展,投入支持力度不断加大。2001 年中央用于农村“六小工程”的投资为 101 亿元,2002 年增加到 136 亿元,2003 年进一步增加到近 280 亿元,2004 年安排了 281 亿元,农村中小型基础设施建设迈上了一个新的台阶,取得了显著的经济效益和社会效益,最直接的效果是改善了农村生产生活条件[113]。2006 年中央提出,要加强农村基础设施建设,改善社会主义新农村建设的物质条件,重点解决农民在饮水、行路、用电和燃料等方面的困难。2007 年,全国农村市政公用设施建设投入 1 320 亿元,其中供水 177 亿元、道路桥梁 606 亿元、排水 114 亿元、绿化 82 亿元、环卫 74 亿元,分别占市政公用设施投入的 13.4%、45.9%、8.6%、6.2%、5.6%(资料来源:《村镇建设统计年报(2007)》)。

农村基础设施投资为农村地区的经济发展和农民生活水平的提高奠定了必要的物质基础。尤其自 2003 年以来,中央财政“三农”支出逐年大幅度增加。中央预算内资金和国债资金用于农村建设的投资,2005 年为 561 亿元,2008 年增至 759 亿元。2003 ~ 2007 年,中央政府用于农村建设的投资总量超过 3 000 亿元。中央农村建设投资占中央投资总规模的比重,由 2003 年的 36% 升至 2007 年的约 48%。在中央投资的引导下,整个农村生产生活条件稳步改善。2003 ~ 2007 年,中国共解决了 9 748 万农村人口的饮水困难和饮水安全问题,新建改建农村公路 130 万 km,并且投入大量资金用于改造完善中西部农村电网(资料来源:《农村基础设施发展报告(2008)》)。

尽管我国农村基础设施投资取得了一定的成就,但从总体上看,现行的农村基础设施无论是布局、数量,还是规模、效益,都不能满足发展现代农业的需要,制约了农业综合生产能力的提高和农村经济的持续稳定发展[114]。农村基础设施依然比较滞后,农村与城市发展的不平衡状况仍在加大。随着改革开放的深入和农村经济的转型,农村基础设施的投资周期被拉长,与农村社会经济发展的要求仍然存在很大差距。由于对农村基础设施投资的性质和作用认识不清,没有明确的目标要求,缺乏统一科学的规划以及足够的资金投入,没有在经济发展的同时保持农村基础设施建设的同步发展,因此农村基础设施投资落后于经济发展水平。

理论和实践证明,农村基础设施投资对加快现代农业发展,提高农民收入水平,拉动农村消费市场,完善农村流通体系,优化农村地区产业结构,实现农民生活宽裕、乡风文明和民主管理具有举足轻重的作用。

2.4 农村基础设施投资效率问题分析

长期以来的城乡二元结构、农业和农村的资源配置及其在国民收入分配中所处的不利地位,致使农村基础设施投入总量不足、结构不合理、投资效率低下,严重滞后于整个农村经济发展的需求,成为制约社会主义新农村建设目标实现的瓶颈。

2.4.1 资金问题

2.4.1.1 财政投资总量不足,投资结构不合理

"重工轻农"和"重城轻乡"的宏观发展战略,是农村基础设施投资环节弱化的根本原因。众所周知,我国的工业化、城市化经历了一个十分复杂而又特殊的过程。新中国成立后很长一段时期我们实行的是以牺牲农业来发展工业的经济发展战略。在基础设施的建设上,长期以来在财政和国债投资中对城市投入较多而对农村投入较少,使得城乡基础设施建设差距越来越大,从而造成农村基础设施投资所需资金严重匮乏。

农村基础设施大多属于公共产品,这决定了政府的基本投资主体地位。但资料显示,改革开放以来,国家财政对农业基本建设投资数额

始终偏低,尤其是 20 世纪 90 年代中期以来,财政农业基本建设支出占财政农业支出的比重大多数年份在 20% ~30%[113]。而从投资的结构看,仍偏重于大江大河的治理,直接用于改善农业生产条件和农民生活条件的基础设施的投资比例偏小。而大型水利工程和生态建设是城乡共享的基础设施,这种投资当然重要,但并非完全由农民受益,不是纯粹的农村基础设施投入。加之地方政府(尤其是县乡政府)财政困难、缺乏投资能力,这又客观上加剧了农村基础设施投资结构的失调。

从供需结构看,中国部分农村基础设施供给偏离农民实际需求,导致供需错位、结构失衡。中国农村基础设施供给的数量、种类基本是由基层政府在没有农民参与的情况下决定的。农村居民往往是只能被动地接受政府提供的基础设施,同时被动地承担相应的费用,农村居民对农村基础设施的真实需求难以体现。这种“自上而下”的供给机制忽略了广大农民对基础设施的实际需求,导致现行农村基础设施供应出现过剩与不足共存的现象。

2.4.1.2　投资主体缺位

我国农村基础设施的投资主体包括国家(包括各级政府)、集体(村委会)、农民个人及民间投资和农村金融等。

(1)政府。对具有公共产品特性的农村基础设施来说,为了弥补“市场失灵(Market Failure)”,其投资主体理应是各级政府。同时农业作为一个天然的弱质产业,以及农业的多功能性,也要求政府在农村基础设施投资方面发挥重大作用[115]。特别是对于一些主要的、大型的、跨区域的农村基础设施,理应由中央和地方投资。但由于中央、地方财力有限以及资源配置的非农偏好,农村基础设施投资数量偏少且长期不能到位。

(2)村委会。对于应由农村社区(村委会或居委会)提供的小型农村基础设施,由于村委会或居委会资金有限,也未能有效提供。作为村委会,要进行农村基础设施投资,必须筹集资金,但村委会不是一级政府,它没有法定的独立公共财权。现实中,村委会筹集资金主要途径有三条:一是土地发包,二是向农民摊派,三是要求村办企业提供。《中华人民共和国土地承包法》实施后,村集体依法预留机动地的机会越来越少,土地发包不再是村集体组织收入的重要来源。同时向农民摊派和要求村办企业提供,不仅增加了农民和村办企业的负担,更为重要的是,随着近些年来农民收入增长缓慢和村办企业的不景气,其根本无力承担起农村基础设施投资的重任,最终只能导致投资不足,影响农村经济的可持续发展。

(3)农民个人。至于农民个人投资,一是进入20世纪90年代后,农民增收缓慢,闲置资金较少,收入主要用于个人日常消费或购置家庭固定资产,整体上缺乏投资能力;二是农村进行税费改革,农村"两工"(义务工、积累工)取消后,很多急需修建的基础设施无法新建,过去利用主渠道"两工"兴建的农村基础设施严重毁坏后又无力修复和管理;三是在农民整体收入不高的状况下,有一部分先富裕起来的农民具有投资实力,但由于国家缺乏明确的鼓励农村基础设施投资的政策或法律,农村基础设施的产权不明晰,难以保证按"谁投资、谁受益"的原则来运作,进而影响了这部分农民投资的积极性。

改革开放以来,城乡居民收入差距经历了由迅速缩小到逐渐扩大、再逐渐缩小、再加速扩大的"W"型发展过程(如图2-5所示)。由于农村实行家庭联产承包责任制带来的农产品大幅度增加和国家多次调整农副产品的收购价格,城乡居民收入差距在20世纪80年代前期曾经有所缩小,1983年城乡居民收入比降到历史最低点(1.82)。随着城镇改革的全面展开、城镇收入分配制度的变化,城乡居民收入差距从1984

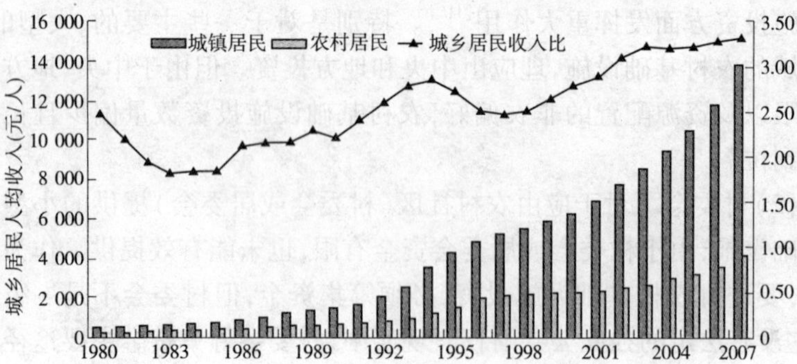

图2-5　城乡居民人均收入比较

年开始拉大。在1997年城乡居民收入比达到新的谷底(2.47)后又开始加速扩大,2007年达到3.33(如表2-5所示)。如果考虑到城镇居民享有各种补贴、劳保福利和社会保障隐性收入等因素,以及农民收入中包含近40%的实物收入和近20%的农业扩大再生产支出,那么城乡居民实际收入差距会更大,而国际上城镇居民与农村居民的收入比一般低于1.5,极少超过2。

表2-5　1980～2007年城乡居民人均收入差距变动情况

年份	城镇居民家庭人均可支配收入(元/人)	农村居民家庭人均纯收入(元/人)	城乡居民收入比	年份	城镇居民家庭人均可支配收入(元/人)	农村居民家庭人均纯收入(元/人)	城乡居民收入比
1980	477.6	191.3	2.50	1994	3 496.2	1 221.0	2.86
1981	491.9	223.4	2.20	1995	4 283.0	1 577.7	2.71
1982	526.6	270.1	1.95	1996	4 838.9	1 926.1	2.51
1983	564.0	309.8	1.82	1997	5 160.3	2 090.1	2.47
1984	651.2	355.3	1.83	1998	5 425.1	2 162.0	2.51
1985	739.1	397.6	1.86	1999	5 854.0	2 210.3	2.65
1986	899.6	423.8	2.12	2000	6 280.0	2 253.4	2.79
1987	1 002.2	462.6	2.17	2001	6 859.6	2 366.4	2.90
1988	1 181.4	544.9	2.17	2002	7 702.8	2 475.6	3.11
1989	1 373.9	601.5	2.28	2003	8 472.2	2 622.2	3.23
1990	1 510.2	686.3	2.20	2004	9 421.6	2 936.4	3.21
1991	1 700.6	708.6	2.40	2005	10 493.0	3 254.9	3.23
1992	2 026.6	784.0	2.58	2006	11 759.5	3 587.0	3.28
1993	2 577.4	921.6	2.80	2007	13 785.8	4 140.4	3.33

资料来源:《中国统计年鉴(2008)》,中国统计出版社;《新中国五十年统计资料汇编》,中国统计出版社。

(4)民间投资。从民间投资来看,由于农村基础设施投资具有风险大、投资期长、回报率低等特点，再加之缺乏足够的政策、法律支持和投资环境不理想，决定了利益导向的民间资本一般不愿意向农村基础设施投入。再考虑到与城镇地区相比，农村地域广大，而居住人口相对分散，农村基础设施的提供与享用往往存在着成本收益不对称的现象。以农村道路建设为例，尽管设施完善的公路将给农民的生产、生活带来极大的便利，但道路建设投资额较大，而使用人口主要是特定区域的少数农民，当投资主体缺少投资资金时，很容易出现公共品投资的盲点[116]。

(5)农村金融。此外，农村基础设施投资缺乏农村金融体系支撑。农村金融体系由大型的农业银行、农业发展银行、邮政储蓄银行，中型的农村信用社，小型的村镇银行、小额贷款公司等组成。在农村基础设施的融资来源中，金融支持也是一个不容忽视的方面。但目前的低效益却使得在城市中发展良好的商业银行的各种金融服务业务始终无法深入农村，政策性银行的支持也不明显，而原本以农村业务为主的农业银行、农村信用社也在一步步的改革中收缩战线。

2.4.1.3 资金使用效率低下

投资资金使用分散、投资项目交叉重复现象突出，降低了整体投资效益。由于我国仍处于经济转轨时期，现行的投资政策深受计划经济的影响，支农资金(包括投资)分属多个政府部门管理，各部门对政策的理解、执行和资金使用要求各不相同，政策之间亦缺乏有机的协调。目前最突出的是发改委、科技部门、财政部门和农业等各部门之间，以及各部门内部机构之间，分配管理的资金在分配上还未形成一个有效的协调机制。资金的多头管理一方面造成重复投资，另一方面加大了管理成本，造成资金的浪费。

图 2-6 详细列出由于资金问题所造成的农村基础设施投资弱化的具体原因。

2.4.2 投资管理体制问题

2.4.2.1 缺乏规划，盲目投资

农村基础设施是制约农村经济发展的先决性条件，是为农村经济、社会、文化发展及农民生活提供公共服务的各种要素的总和，可以细分

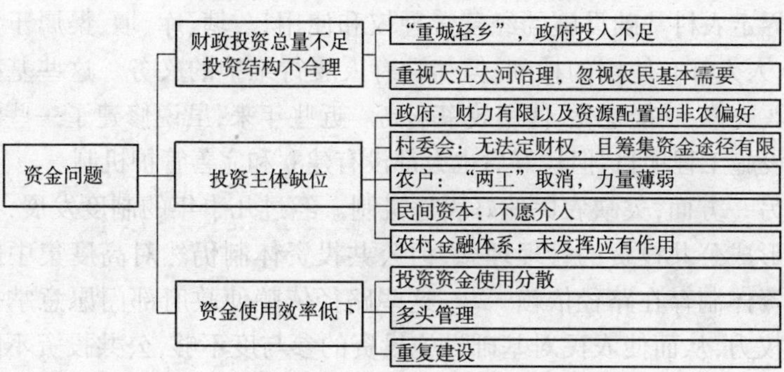

图 2-6　资金问题分析

为生产性基础设施、生活性基础设施、人文基础设施和流通性基础设施等类型。这就要求基础设施投资要进行规划，要具备整体性，各项建设之间要相互衔接，互相协调。

根据调查，目前农村基础设施建设规划滞后。有的农村没有基础设施规划；有的农村基础设施建设规划缺乏统筹，部门之间缺乏协调；有的基础设施规划不科学、脱离实际、不适用或不便于操作；有的规划则没有向农民宣传和公示，农民不了解，乱搭乱建现象较为突出，造成资源浪费，农村基础设施整体效益发挥差[117]。总的来讲，在目前的农村基础设施建设中，未能够预先进行统筹布局，致使农村基础设施在存量上与农村经济的发展不相适应；在增量上也不能满足农村经济发展的要求。这些必将影响到新农村建设的有序推进。

2.4.2.2　管理机制和模式陈旧

具体表现为两方面内容：

一方面，由于行政主体和业务主体的分离，形成了条块分割、政企不分、政事交叉、各自为阵、职责不清的管理体制。管理体制的不顺，造成行政主体和业务主体之间的责权利不清，出现有利益时大家争着管，有问题时互相推诿、谁都不愿意管的局面。在基础设施工程管理单位的发展过程中，体制不顺带来的影响是长期的，危害也是致命的，而理顺管理体制的难度也是最大的。以农田水利设施为例，我国现有的农田水利设施多是 20 世纪六七十年代修建的，在随后的农村经济体制改革中，没有明确界定农村基础设施的经营管理权和使用权,塘、库、堰、渠属于集体所有,人人都有使用的权利,但却没有人履行维护的义务。这些基础建设年久失修,功能老化,使用效率不高。近些年来,虽说修建了一些农村基础设施工程项目,但建好后也大都没有建立和完善管护机制。

另一方面,欠缺农民偏好表达机制。经过几十年的制度发展,我国逐渐形成公共投资的管理理念,但公共投资体制仍然对高度集中的传统投资体制存在路径依赖[111]。这些路径依赖使政府部门愿意掌握集中的权力,从而使农民对基础设施投资的参与度不够,公共投资不能有效反映社会公共需求,造成投资效率损失。由于缺乏激励约束机制,公共投资的代理人不承担公共投资失败的责任,也没有追求投资效率的动力,是造成决策执行中基础设施投资低效率的主要原因。

地方政府决策者对"政绩"和"利益"的渴求及自上而下的公共产品供给决策体制,导致不符合农民需求偏好的公共产品供给过剩,而农民急需的公共产品供给却严重不足。政府热衷于投资一些突显"形象"、易出政绩的短期公共项目,热衷于提供看得见、摸得着的"硬"公共产品,如一些落后地区大力修建楼堂馆所、农贸市场、歌舞剧院、"美化"景点等,而不愿提供农业科技推广、农业发展的综合规划和信息系统、农村教育、医疗卫生、社会保障等"软"公共产品。这种自上而下的农村公共产品供给体制,使农民与政府之间的信息不对称,政府工作人员围绕自身的利益供给公共产品,最终造成农村公共产品、公共事业供需结构的失衡,造成公共资源的浪费和效率的低下。

2.4.2.3　缺乏约束机制

现行的农村公共资源配置过程缺乏约束机制,乡、村财务管理混乱。原本有限的农村基础设施建设资金在拨付使用诸环节中存在挤占、挪用、滞留、截留等现象,部分县乡机构擅自变更资金计划或用途现象较为普遍;支农资金投入过于分散,项目建设投资效果不佳,甚至效益低下。

资金使用的非透明化使得一些管理人员有机可乘,假公济私、贪污腐败现象严重。农民自身受文化知识的限制,既缺乏民主监督的意识,又缺乏民主监督的能力,致使有限的农村公共资源大量地流入了个人腰包，所剩无几的资金只能建一些“豆腐渣”工程。而且，农村公共产品从供给到需求之间，中间环节过多，资源被层层剥夺，从而导致公共产品供给效率低下，成本提高，农民负担加重，严重影响农村公共事业的发展。

图 2-7 具体列出投资管理体制问题所造成的农村基础设施投资弱化的原因。

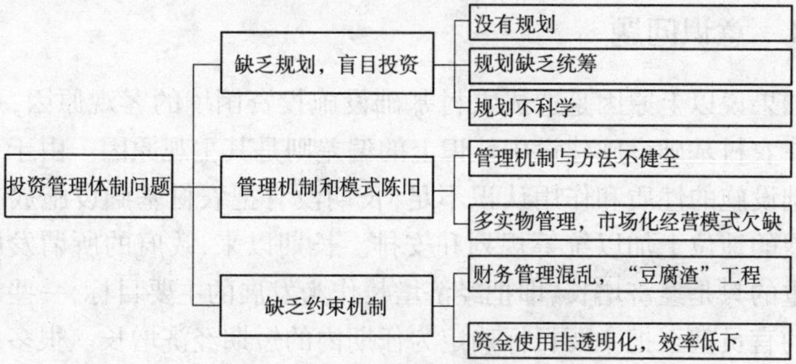

图 2-7　投资管理体制问题分析

2.4.3　资源整合问题

农村基础设施在投资建设过程中，资源缺乏整合，使用效率低下。政府部门对农村基础设施的投资渠道比较多，从目前农业专项资金管理情况看，涉及政府财政部门、计划管理部门及扶贫办、农业综合开发办等部门[117]。这些部门的多头管理容易导致同类型项目由多个部门管理，缺乏统筹整合和集中实施的效能，而且这种管理体制上的条块分割状况造成资金投入分散，交叉重复现象比较严重，不能够集中资金投资大型农业基础设施项目，影响农村基础设施结构的合理性安排以及项目工程投资效果。

具体表现为：①农村道路建设方面，有扶贫道路、水保路、农业综合开发路、林业路，还有交通部门规划的路；②土地治理方面，有国土治理、水土保持治理，还有农业综合开发治理等；③水利方面，有农业综合开发的水利，还有水利部门的水利。各部门按照各自的标准和要求建设、验收，标准不统一，重复建设问题突出。同时，行业主管部门为满足自身利益,各行其道,各自为战,行政效率低下,管理工作不到位,损失浪费现象比较严重。部分政府行业部门职能重叠,既是资金、项目主管部门,又是资金、项目的监督部门,导致资金、项目投入效果不明显。此外,相关农村基础设施建设资金虽然在使用、管理上有着很强的政策性,但由于多头管理,拨款环节繁多,拨款的"漏损率"过高,使用效率较低,财力紧张状况进一步加剧。

2.4.4　意识问题

如果说以上原因是造成农村基础设施投资困境的客观原因,那么人们在农村基础设施建设中认识上的偏差则是其主观原因。由于对农村基础设施的性质和作用认识不足,长期没有把农村基础设施放在优先发展的地位上加以统筹规划和安排。长期以来,政府的所谓发展理念注重的只是经济增长,即把经济增长作为发展的主要目标,一些地方政府的官员甚至把主要目标确定为任期内的短期经济增长。很多地方都把 GDP 增长作为政绩表现的主要指标,其结果造成农民急需的和涉及农村可持续发展的农村基础设施严重短缺,而农民较少需要的农村基础设施供给过剩。可见,在农村基础设施供给问题上,更主要的问题在于政府的职能定位模糊、政府职能行使方式的单一以及政府工作评价机制的不完善。

由此导致了农村基础设施的短缺运行成为一种常态,在短缺瓶颈过于突出时,社会资源强制或非强制地流向该领域,一旦短缺状态有所缓和,资源又会流向其他高效率部门,造成农村基础设施发展出现周期性的波动,降低了农村基础设施的投资效率。同时,由于资源约束,在短时期内只是有选择地建设某一类或规模较小的农村基础设施,不能同时建成农村基础设施体系,在系统不能配套的情况下,限制了其功能的发挥和效率的提高。另外,在选择性发展建设中,又重点偏向那些直接为工业生产服务的社会性基础设施。由于我国封闭型的二元经济体制,农民很少能分享到既有的社会性基础设施,使社会共享资源演变为为少数有限的社会生产部门服务,降低了既有设施的使用效率。这些往往造成物质性基础设施的严重短缺,与大量的社会性基础设施的闲置现象并存。

图 2-8 具体列示出农村基础设施投资问题形成的原因。

可见,受工业偏向政策影响,我国农村基础设施建设资金供给长期受到挤压,农村基础设施供给滞后。与城市相比,作为农村公共投资的农村基础设施建设严重失衡,主要表现为东、中、西部地区供给不平衡,农村内部之间供给不平衡。解决农村基础设施不平衡问题必须增加投入,由于农村基础设施投入具有比较利益低下、回收周期长等特性,社会资本对农业投入的积极性没有被调动起来,体制外资金缺乏投资激励,农村基础设施建设市场机制尚未建立起来。

图 2-8　农村基础设施投资问题形成原因分析

综上所述,基于农村基础设施在整个农村经济发展中的重要地位,近几年来,全国各地新农村建设以农村基础设施建设作为切入点和着力点,出台了各种方案和措施进行建设,并且取得了一定的成效。但是,在农村基础设施投资建设过程中,依然存在着一些难点问题,这些问题能否得到及时有效的解决,关系到新农村建设目标的实现,关系到"三农"问题的根本解决。

2.5　本章小结

本章首先在已有的相关概念研究基础上,阐述了农村基础设施的概念和经济属性,界定出农村基础设施投资效率的概念,分析了影响农村基础设施投资效率的诸多因素;其次对农村基础设施投资现状进行了历史性回顾,主要侧重于农村基础设施的投资总量分析;最后,系统剖析了农村基础设施投资问题形成的原因,主要从其资金、投资管理体制、资源整合和意识四个层面进行详细而又精辟的阐述。

第3章 农村基础设施资本存量研究

鉴于农村基础设施资本在实践中的重要作用,本章系统研究了永续盘存法(PIM)的理论基础,对农村基础设施资本投入的计量进行了细致的阐述。同时,运用 Eviews 5.0 统计分析软件,实证研究了农村基础设施投资对农村经济的推动作用;进而在理论假说的基础上,测算了农村基础设施投资的经济绩效。

3.1 永续盘存法理论基础

3.1.1 资本重要性的认知历程

资本是人类经济活动的基本要素之一,在古典和新古典增长理论中,资本对经济增长的作用被提到极其重要的高度,经济增长被认为主要是积累足够的资本,从而可以运用劳动和资本在经济上进行最有效的组合的结果。通过深化资本结构和提高资本密集度的方式来促进经济的增长。现代经济增长理论在注意到技术进步、人力资本和制度安排对经济增长重要作用的同时,仍然十分注重资本对经济增长的影响。

科学地规定资本的范围来度量资本投入数值,对于经济增长分析起着十分重要的作用。然而,资本投入的度量又涉及许多复杂的因素,准确度量起来确实难度极大。不同的研究者出于对资本范围的各自的理解,以及统计或资料占有等原因,采用差异颇大的数据序列来"表示"资本数据,使得人们对于资本究竟在经济增长中作出多大的贡献感到困惑,这一点在农村经济的分析中表现得特别突出。由于资本在经济增长中的重要作用,人们意识到要深入地研究经济增长的内部动因,有必要对资本投入的计量进行细致的分析,可以说比较准确地分析资本在经济增长中的作用与贡献取决于准确地对资本投入做出估计。

大多数研究经济增长的学者认为,用资本存量作为度量资本投入的指标是合适的。索洛在1957年指出:"资本时间序列是一个很使人头疼的模糊量……。人们所要测得的最理想的当然是要弄清每年资本使用的流通量,然而这毕竟只是一种理想而非现实,因此人们不得不转而满足于一种不那么理想但比较现实的办法,即对现有的资本商品存量做出估计。"

3.1.2　模型基本思想

世界上包括 OECD 在内的大多数国家和地区采用永续盘存法(Perpetual Inventory Method,即 PIM)进行资本存量核算。该方法的实质是将不同时期的资本流量逐年度调整、折算,以累加成意义一致的资本存量,它是由戈登·史密斯(Gold Smith)[118]于1951年开创的,随后被 Kuznets(1957)、Denison(1967)等广泛应用在经济增长核算中。乔根森(1973)在其早期对新古典投资理论研究的基础上,结合现代微观经济学中的对偶理论方法,将投资品价格和资本服务租赁价格概念引入 PIM,对生产的耐用品模型进行了系统的研究。克里斯滕森、柯明斯和乔根森(1980)对扩展后的方法进行了检验与完善,使其占据了资本核算的主流地位。资本存量核算数据是宏观经济运行政策研究的重要因素。资本存量核算的复杂性在于数据概念内涵和外延的理论界定、由时间因素决定的折旧与价值重估以及价格变动因素的影响等[119]。该方法的理论基础是生产的耐用品模型。

生产的耐用品模型的具体思想是,设役龄为 τ,每一期末的资本存量 $K(t)$ 可以表示为过去投资与不同役龄的资本品的相对效率序列 $\{d(\tau)\}$ 的加权和,权数为各自的相对效率,即:

$$K(t) = \sum_{\tau=0}^{\infty} d(\tau) I(t-\tau) \tag{3-1}$$

在模型(3-1)中,资本品的相对效率依赖于物品的役龄,一般而言,可假定相对效率随役龄而递减(非增的),重置需求由现有资本品的效率损失量及资本品的实际役龄来确定。每一个资本品最终都要退役或报废,当资本品退役或报废时,它的相对效率即为零。对于每一种资产，役龄为 τ 的资本品相对于新资本品的效率为 $d(\tau)$，而新资本品的相对效率等于 1，即 $d(0)=1$，上述思想可描述如下：

$$d(\tau)-d(\tau-1)\leqslant 0 \quad (\tau=1,2,\cdots)$$
$$\lim_{\tau\to\infty} d(\tau)=0 \tag{3-2}$$

非负序列 $\{d(\tau)\}$ 描述了不同役龄的资本品的相对效率状况。

由于资本品的效率随每一时点的推进而下降，要使原有的资本品保持效率，就必须重置生产能力，一项投资在役龄为 τ 时要重置的比例 $m(\tau)$ 等于从役龄 $\tau-1$ 到役龄 τ 间效率的减少量，这些比例称为不同役龄资本品的死亡率。

$$m(\tau)=d(\tau-1)-d(\tau)=-[d(\tau)-d(\tau-1)] \quad (\tau=1,2,\cdots) \tag{3-3}$$

由于资本品的相对效率是非增的，则 $m(\tau)\geqslant 0(\tau=1,2,\cdots)$，且所有役龄的死亡率之和等于 1，即：

$$\sum_{\tau=1}^{\infty} m(\tau)=-\sum_{\tau=1}^{\infty}[d(\tau)-d(\tau-1)]=d(0)=1 \tag{3-4}$$

该模型中，比较重要的项目是重置率与重置需求的界定。

重置率 $\delta(\tau)$ 是初始投资购置后第 τ 期需要重置的比例，可以利用更新方程从死亡率序列递归计算出来：

$$\delta(\tau)=m(1)\delta(\tau-1)+m(2)\delta(\tau-2)+\cdots+m(\tau)\delta(0) \quad (\tau=1,2,\cdots) \tag{3-5}$$

重置需求 $R(t)$ 的定义是为保持资本存量生产能力不变所需要的投资水平，可用过去的投资和死亡率分布来表示重置需求：

$$R(t)=\sum_{\tau=1}^{\infty} m(\tau)I(t-\tau) \tag{3-6}$$

重置需求也可以用在购置时间之后 τ 时期要重置的初始投资比例表示，这个比例包括初始资本存量的效率下降产生的重置需求以及每一次后继重置的所有重置，称为不同役龄资本品的重置率 $\delta(\tau)$。利用重置分布，可以用过去资本存量的变化来表示重置需求 $R(t)$：

$$R(t)=\sum_{\tau=1}^{\infty}\delta(\tau)[K(t-\tau)-K(t-\tau-1)] \tag{3-7}$$

3.1.3 资本相对效率变化模式

根据效率在寿命期 L 内变化情况,资本相对效率序列变化一般假定为三种模式(乔根森,2001):①假定效率在寿命期 L 内不变,而后为零,即"单驾马车"法(one - hoss - shay);②假设效率在寿命期 L 内线性递减,以后为零,即直线型法;③假设效率在寿命期 L 内按比例 δ 几何递减,即余额递减折旧法。

表3-1具体列示了三种相对效率模式的分布情况。

表3-1 三种相对效率模式具体分布情况

项目	"单驾马车"法	直线型法	余额递减折旧法
$d(\tau)$	$d(\tau)=\begin{cases}1(\tau=0,1,\cdots,L-1)\\0(\tau=L,\cdots)\end{cases}$	$d(\tau)=\begin{cases}1-\dfrac{\tau}{L}(\tau=0,1,\cdots,L-1)\\0\quad(\tau=L,\cdots)\end{cases}$	$d(\tau)=(1-\delta)^{\tau}$ $(\tau=0,1,2,\cdots)$
$m(\tau)$	$m(\tau)=\begin{cases}0(\tau=0,1,\cdots,L-1)\\1(\tau=L)\\0(\tau=L+1,\cdots)\end{cases}$	$m(\tau)=\begin{cases}\dfrac{1}{L}(\tau=1,2,\cdots,L)\\0(\tau=L+1,\cdots)\end{cases}$	$m(\tau)=\delta(1-\delta)^{\tau-1}$ $(\tau=1,2,\cdots)$
$\delta(\tau)$	$\delta(\tau)=\begin{cases}0(\tau=1,2,\cdots,L-1,L+1)\\1(\tau=L,2L,\cdots)\end{cases}$	$\delta(\tau)=\dfrac{1}{L}\left(1+\dfrac{1}{L}\right)^{\tau-1}$ $(\tau=1,2,\cdots)$	$\delta(\tau)=\delta$ $(\tau=1,2,\cdots)$

注:$d(\tau)$代表资本品的相对效率分布,即旧资本品相对于新资本品的边际生产效率;$m(\tau)$代表资本品的死亡率分布;$\delta(\tau)$为其重置分布;τ代表资本品役龄。

3.1.4 资本租赁价格与资本折旧

资本存量一旦进入生产过程,就会发生折旧。乔根森使用资本租赁价格概念,对资本折旧的经济意义进行界定。由此得到的价格数据与传统PIM所提供的资本存量数据之间形成一一对应关系,称为对偶性。

资本品价格是未来所有资本租赁价格折现值的加权和：

$$P_I(t) = \sum_{\tau=0}^{\infty} d(\tau) \prod_{s=1}^{\tau+1} \frac{1}{1 + r(t+s)} P_K(t + \tau + 1) \qquad (3\text{-}8)$$

折旧 $P_D(t)$ 定义为时刻 t 为保持资本品的效率需恢复的价值（式中 r 为资本收益率）：

$$P_D(t) = \sum_{\tau=1}^{\infty} m(\tau) \prod_{s=1}^{\tau} \frac{1}{1 + r(t+s)} P_K(t + \tau) \qquad (3\text{-}9)$$

因为 $\bar{\delta}(\tau) = P_D(t)/P_I(t)$，表明资本品平均折旧率是对重置率的加权平均。因此，折旧可以表示为 $P_D(t) = \bar{\delta}(\tau) P_I(t)$。折旧值取决于相对效率模式，若资产重置需求服从几何递减模式，则 $P_D(t) = \delta(\tau) P_I(t)$。此时，$\hat{\delta}(\tau) = \bar{\delta}(\tau) = \delta$，平均折旧率等于平均重置率，都等于相对效率损失率。

为了与永续盘存法的内在含义相一致，根据生产的耐用品模型理论思想，本书假定资本品的相对效率按照几何方式递减，采用余额递减折旧法测算资本存量，即：

$$K(t) = I(t) + (1 - \delta) K(t - 1) \qquad (3\text{-}10)$$

因此，根据上式，采用永续盘存法估计农村基础设施资本存量需按以下步骤进行：①选择或计算一个经济折旧率 δ；②确定一个基年资本存量 I_0；③对现行价格下的投资数列进行缩减以得到一个实际投资序列 $I(t)$；④采用式(3-10)计算出资本存量序列 $K(t)$。

3.2 农村基础设施资本存量序列测算

3.2.1 经济折旧率的选择

众多学者在折旧率的选择上有较大的出入。帕金斯（Perkins，1998）[120]、王小鲁（2000）[121]均假定折旧率为5%；杨格等（Young，2000）[122]则假定6%的折旧率，这也是霍尔和琼斯（Hall and Jones，1999）研究127个国家资本存量时采用的通用折旧率；黄永峰等（2002）[74]在一项中国制造业资本存量的研究中，估算出设备的经济折旧率为17%,建筑物为8%;王金田等(2007)[82]选择全民所有制企业固定资产基本折旧率中粮食部门的固定资产折旧率4.24%作为农业经济折旧率。

如前所述,在资本品的相对效率按照几何方式递减情况下,即:

$$d(\tau) = (1 - \delta)^{\tau} \tag{3-11}$$

其中:$d(\tau)$代表资本品的相对效率,即旧资本品相对于新资本品的边际生产效率;δ代表折旧率;τ代表役龄。

参考黄永峰等(2002)[74]的研究,利用我国法定残值率代替资本品的相对效率$d(\tau)$,其值为3%~5%。考虑到农村资本品的实际情况,在此选择5%,它表示资本品在寿命终了时,相对效率为新资本品的5%。

对于使用寿命,按照黄佩民和黄仟庭等[123]的研究结果,农业基本建设投资的平均经济寿命期大致为15年,对农业生产作用的平均时滞周期为6~9年。国家最新颁布的《企业会计准则》中规定建筑物等固定资产使用年限为20年。考虑到试图估计的是农村基础设施的使用寿命,所以假定农村基础设施的平均寿命期是20年。按照以上分析可计算出农村基础设施投资的经济折旧率为13.91%。

3.2.2　基年资本存量的估计

所谓资本存量是一定时点下安装在生产单位中的资本资产的价值。资本资产包括各种耐用品,在国民收入核算中包括相应的这些耐用品的资本形成。

已有的研究中,基年选择一般以1952年或1978年为基准。从理论上说,基年选取的时间越早,基年资本存量估算误差对重点关注的后续年份的影响越小。基于数据可得性、基年估算误差对后续影响较小和数据实际经济意义的考虑,拟选定1978年作为基年。

对于基年资本存量数据的获取,从理论上讲,通过全国普查完成是最准确的,但是,我国没有对农村基础设施存量进行过普查。只有采用估算的方法来求得基年农村基础设施投资的资本存量。

常见估算初始资本存量的方法有:① 资本－产出比(Incremental Capital－Output Rate, ICOR)法,如邹至庄(Chow G. C., 1993)[78];

②初期固定资本形成总额除以10%的方法，如张军和章元(2003)[124]；③基于 Harberger(1978)等提出的思想：假定稳定状态的产出增长率与资本存量的增长率相等，估计初始资本存量；④严格按照永续盘存法要求，取得足够长的投资流量数据，利用相对效率序列加权累加得到基期存量，例如黄永峰等(2002)[74]利用1921～1978年的投资序列估计我国1978年制造业资本存量。

其中，第一种方法一般采取资本－产出比等于3，但该值的选取偏差有时较大，如根据邹至庄的农业资本存量的估计(450亿元)和当年的农业产出(396亿元)，其 $ICOR=1.14$，与3差距过大；第二种方法没有考虑地区增长的差异给估算带来的影响；第三种方法对产出增长率和资本存量增长率相等的判断在实践中较难满足；最后一种方法由于受我国数据约束，应用较少。

在许多国际研究中估计初始资本存量时还有另一种通用的方法，即霍尔和琼斯(Hall and Jones，1999)[125]在估计各国1960年的资本存量时，采用1960年的投资与1960～1970年各国投资增长的几何平均数加上折旧率后的比值，即：

$$K_{1960} = I_{1960}/(g_{1960\sim1970} + \delta) \tag{3-12}$$

其中，K_{1960}为1960年资本存量；I_{1960}为1960年当年投资额；$g_{1960\sim1970}$为1960～1970年投资增长的几何平均数；δ为折旧率。

对农村基础设施投资的初始资本存量的估计借鉴了霍尔和琼斯的做法。选取1978年为基准，当年农村基础设施投资数额为22.6亿元，1978～2007年农村基础设施投资增长的几何平均数为16.66%，经济折旧率为13.91%。因此，按照霍尔和琼斯估计方法，1978年农村基础设施资本存量为73.93亿元。

3.2.3　当年投资额的选取

已有研究对当年投资额的选取主要分为三种：①采用“积累”(Accumulation)的概念及其相应的统计口径。如贺菊煌(1992)[70]分别利用生产性积累和非生产性积累估算我国1952～1990年间的生产性资本存量和非生产性资本存量。②采用全社会固定资本投资(Total Social Fixed Asset Investment)。如王小鲁等(2000)[121]认为我国投资中存在很大浪费,直接采用固定资产投资数据会导致资本存量虚增。他们对 1980～1998 年全社会固定资产投资数据,用固定资产交付使用率进行调减。③大部分近期研究采用资本形成总额(Gross Capital Formation)或固定资本形成总额(Gross Fixed Capital Formation)。

众多学者依据具体的研究目的选择当年资本投资额。农村基础设施当年投资额的处理方法是:根据建设部从 1990 年开始编制的《村镇建设统计资料》,可以得到 1990～2004 年农村基础设施投资数据(注:由于某些原因,建设部未提供 2003 年相关资料,此年数额利用 2002 年和 2004 年数据推测而得)。2005 年农村基础设施投资数据来源于《村镇建设统计年报(2005)》(建设部综合财务司编制),2006 年数据来源于中国建筑工业出版社出版的《中国城乡建设统计年鉴(2006)》,2007 年数据来源于《城市、县城和村镇建设统计年报(2007)》(住房和城乡建设部综合财务司编制)。利用上述年份的数据和财政支农资金历年数据进行回归,回归的调整拟合优度为 96.48%。因此,利用 1978～1989 年历年财政支农资金的 15% 计算得到 1978～1989 年农村基础设施投资数据。

3.2.4　投资品价格指数的构造

以往对固定资产资本存量处理的一个主要争议是如何将按当年价格计算的投资折算成按不变价格表示的实际投资。由于价格变动的因素,各年的固定资产投资和固定资产净值不可以直接进行比较,必须将其按当年价格表示的投资用一定的价格指数进行平减,折算成以基年价格表示的实际值。由于我国投资品价格指数统计在 1990 年前基本是空白,因此可获得的数据相当粗糙且不易处理。

在现有研究中,诸多学者针对历年投资流量数据(当年价格),纷纷选择或者构造投资品价格指数,进行价格调整(不变价格),其方法主要有两种:一是利用可比价格投资额指数序列,将现价投资额直接转换为可比价投资额,如何枫等(2003)[126];二是利用投资缩减指数序列,对现价投资额进行缩减,得到可比价投资额序列。研究中,有些学者直接利用官方公布的指数序列，如王金田等（2007）[82]；有些则根据掌握的数据对所需指数进行替代、测算或生成，如张军等（2004）[77]；有些则采用各种方法进行编接，如李治国等（2003）[75]。具体内容如表3-2所示。

表3-2　投资品价格指数构造方法

种类	构造方法
可比价格投资额指数序列	何枫等在估算1952～1995年期间历年可比价资本形成总额时，直接根据《中国国内生产总值核算历史资料：1952～1995》公布的指数
选择其他指数替代	王金田等选取农业生产资料价格指数替代
测算与合成	张军等利用各年固定资本形成总额（当年价格），以1952年为1和以上一年为1的固定资本形成总额指数三列数据，计算出投资隐含平减指数
进行数据编接	李治国等根据上海市固定资本形成总额及其指数计算出上海市的固定资产投资价格指数，然后用它回归出全国的固定资产投资价格指数

严格而言，不变价格农村基础设施投资形成总额应该用农村固定资产投资价格指数进行缩减，但我国缺少这方面的数据。本书处理方法为：利用《中国统计年鉴》公布的1990～2007年各年固定资产投资价格指数和相关年份农业生产资料价格指数进行回归，回归后调整拟合优度为88.14%，F－statistic值为112.488 5，表明两指数拟合情况较好。因此，根据实际情况，考虑到农村数据可获得性较为困难，在比较现有指数基础上，拟选取1978～2007年各年农业生产资料价格指数（1978年＝100）作为投资品价格指数的替代，用以进行农村固定资产投资价格指数缩减。

3.2.5　测算结果及其分析

3.2.5.1　测算结果

表3-3列出根据上述方法估算出来的主要年份农村基础设施投资

的资本存量。为了对比，同时列出各年以当年价格衡量的资本存量数值。

表 3-3　农村基础设施资本存量测算　（单位：亿元）

年份	投资额（当年价格）	投资额（可比价格，1978 年 = 100）	资本存量（可比价格，1978 年 = 100）	资本存量（当年价格）
1978	22.60	22.60	73.93	73.93
1980	22.49	22.18	95.24	95.63
1985	23.04	18.65	102.40	111.43
1990	54.15	27.80	124.73	184.82
1995	229.80	62.55	228.42	591.71
2000	359.45	101.11	404.92	1 394.83
2001	413.26	117.30	454.76	1 575.71
2002	672.03	189.80	568.79	1 985.23
2003	750.02	208.90	682.93	2 404.51
2004	828.00	208.52	777.67	2 831.92
2005	910.40	211.70	859.81	3 270.52
2006	1 146.31	262.61	979.18	3 871.96
2007	1 319.97	280.78	1 096.82	4 546.86

3.2.5.2　数据分析及其说明

主要包括以下两方面内容：

（1）数据分析。表 3-3 中的数据给出了以 1978 年不变价格衡量的一些代表性年份的农村基础设施资本存量。从表中的数据首先可以看出，自 2000 年以来，农村基础设施投资力度呈现不断加大的态势。经过测算，到 2007 年末，农村基础设施投资所形成的资本存量为 1 096.82亿元（1978 年价格）。若按当年价格测算则为 4 546.86 亿元，是以 1978 年价格衡量的 4.15 倍。可见，各年价格变动的影响甚大。

其次，还可以看出不同年份之间农村基础设施资本存量增长速度的变化情况。在改革开放后至 1993 年，资本存量增长速度逐年缓慢提高；1993 ~2002 年间，提升速度明显加快；近几年来，党中央、国务院以科学发展观统领经济社会发展全局，按照统筹城乡发展的要求，采取了一系列支农惠农的重大政策，尤其是 2006 年中央一号文件《关于推进社会主义新农村建设的若干意见》中明确提出："调整国民收入分配格局，国家财政支出、预算内固定资产投资和信贷投放，要按照存量适度调整、增量重点倾斜的原则，不断增加对农业和农村的投入。"与这一要求相一致，农村基础设施建设投入力度加大，其资本存量增长速度明显快于前些年份。

最后，表中数据仅显示出农村基础设施资本存量的变化数值。透过现象观察本质，虽然农村基础设施资本存量逐年增加，但农村基础设施总量不足、结构失衡、渠道分散等问题依然比较突出。

(2) 主要说明。本节主要是尝试着利用永续盘存法进行农村基础设施资本存量的估算，由于以前对农村的固定资本存量估算研究较少，主要借鉴了其他学者对我国固定资本存量估算的研究成果。在借鉴过程中，针对资本存量估计过程中的一些问题，主要包括经济折旧率的选择、基年资本存量的估计以及投资平减指数的构造，做了尽量合理的选择。

资本存量数据从一个侧面反映了我国近 30 年来农村基础设施投资的发展历程。从估算结果来看，这是和我国的农村经济发展趋势基本吻合的。但是其中有很多地方依据了一定的假设，尤其是投资平减指数的选择。从理论上说，农业生产资料价格指数和实际的固定资产投资价格指数可能会存在一定偏差，由于资料的限制，无法更具体地分析农村固定资产投资价格指数，这在一定程度上会影响分析的准确度。另外，对折旧率的计算由于资料的限制，对使用寿命也是采用了估算的方法，估算的准确度也会在一定程度上影响最后结果的准确度。还有，对于 1978 ~1989 年农村基础设施投资历史数据的处理，采用历年财政支农资金的 15% 比例进行估算，该比例的选择有一定的主观性，对结果的准确度可能产生一定的影响。但是,采用上述分析方法能估算出农村基础设施资本存量的一个大概范围和基本趋势,科学测算出农村基础设施投资在经济发展中的贡献率大小,从而为进一步分解出农村基础设施新建投资和重置投资的比例提供应有的数据基础。如何做出更为精确的估算还需进行进一步的探讨和研究。

3.3　农村基础设施投资拉动农村经济增长实证分析

在新农村建设热潮中,理论界专家学者对农村基础设施的概念、作用机制及投融资问题进行了大量的研究,同时针对农村基础设施的发展和融资中存在的问题也提出了大量的对策措施。理论研究的发展,带动了国内学者对农村基础设施和农村经济关系的思考并进行了一定的实证研究。在早期的研究中,经济学者们一般的做法是根据现有的样本资料建立比较合适的回归方程对我国或部分地区的时间序列数据进行实证研究。但是,由于现实中的经济时间序列通常都是非平稳的(带有明显的时间趋势),对具有时间趋势的变量作回归时,可能存在"伪回归"的问题[127]。当前,运用协整检验、因果关系分析等方法对时间序列数据进行分析已成为实证研究的主流[128]。此外,现有研究很少触及农村基础设施资本存量状况对农村经济的影响,仅有的实证研究仅表明所用数据的年份,而具体的数值和必要的处理没有交代清楚,对后续研究带来一定的影响。

鉴于以上情况,在利用永续盘存法(PIM)进行农村基础设施资本存量测算的基础上,从定量角度分析研究农村基础设施投资对农村经济的推动作用。实证研究的具体过程为以我国1978~2007年的农村国民收入和农村基础设施资本存量数据为基础,利用Eviews 5.0统计分析软件,进行单位根检验和协整检验,在向量自回归模型的分析框架下,利用格兰杰因果检验、脉冲响应函数和方差分解考察我国农村基础设施资本存量对农村经济的影响,并进一步分析了今后我国农村基础设施投资管理的重点和应采取的必要措施。

3.3.1 数据来源与变量处理

3.3.1.1 数据来源

分析所采用的样本取自 1978 ~ 2007 年的全国历年有关经济数据，其中，衡量“农村经济”的指标应该采用“农村国民收入”，但由于没有统计资料，所以用“第一产业 GDP”数据作为代表，各年数据来源于《中国统计年鉴(2008)》。农村基础设施投资基础数据(CCE)同上。

3.3.1.2 变量处理

为消除物价变动对产值的影响，将名义产值处理为实际产值，选取 1978 年为基期，统计出历年的第一产业 *AGDP* 指数(按照可比价格)，计算历年实际第一产业产值(*RAGDP*)；农村基础设施资本存量 *RCCE* 数据拟选取 1978 ~ 2007 年各年农业生产资料价格指数(1978 年 = 100)进行农村固定资产投资价格指数缩减。由于对数的作用主要体现在不仅可以得到平稳的时间序列数据，而且不会改变时间序列的性质和相互关系，因此对变量 *RCCE*、*RAGDP* 进行对数变换，分别用 *LRCCE*、*LRAGDP* 表示对数变换后的以 1978 年为基期的实际农村基础设施资本存量和实际农村国民收入。

3.3.2 实证分析

3.3.2.1 单位根检验

ADF 检验主要解决现实中大部分时间序列变量为非平稳变量以及利用非平稳的时间序列数据会导致伪回归的问题。本章采用目前普遍应用的 ADF(Augmented Dickey - Fuller)检验法进行单位根检验[129]。

对时间序列 y_t，建立下列模型：

$$\nabla y_t = c + \gamma y_{t-1} + \xi_1 \nabla y_{t-1} + \xi_2 \nabla y_{t-2} + \cdots + \xi_{p-1} \nabla y_{t-p+1} + \varepsilon_t \qquad (3\text{-}13)$$

式中，c 为常数项；t 为趋势项。

若接受原假设($H_0:\varepsilon_t = 0$)，说明序列 y_t 存在单位根，是非平稳的，否则说明序列不存在单位根。方程加入 p 个滞后项是为了使残差项成为白噪声。对于非平稳的变量还要检查其差分的平稳性。如果变量的 d 阶差分是平稳的，则称此变量是 d 阶单整，记为 $I(d)$。所有变量同阶单整是变量之间存在协整关系的必要条件。检验结果如表 3-4 所示。

表 3-4　时间序列 *LRAGDP* 和 *LRCCE* 单位根检验结果

变量名称		检验形式 (c, t, p)	ADF 统计量	1% 临界值	5% 临界值	结论
LRAGDP	原值	$(c, t, 1)$	−1.88	−4.34	−3.59	不平稳
	一阶差分	$(c, 0, 0)$	−4.29	−3.70	−2.98	平稳
LRCCE	原值	$(c, t, 1)$	−1.79	−4.34	−3.59	不平稳
	一阶差分	$(c, 0, 0)$	−3.67	−3.70	−2.98	平稳

注：检验形式中 c, t, p 分别表示带有常数项、趋势项和滞后阶数；滞后阶数 p 的选择以赤池信息准则（AIC）最小作为标准（以下同）。

ADF 检验结果表明，在 5% 的显著性水平上，*LRAGDP* 和 *LRCCE* 均拒绝了存在单位根的假设。也就是说，这两个变量具有一阶单整性，均是 $I(1)$ 序列，满足协整关系存在的必要条件。

3.3.2.2　协整检验

为了检验 *LRAGDP* 和 *LRCCE* 是否存在协整关系，采用 Engle 和 Granger 于 1987 年提出的两步检验法[130]，对残差 E_t 进行 ADF 检验，以判定其平稳性。

首先，运用 E－G 方法进行分析，估计出来的协整回归模型为：

$$LRAGDP_t = 5.35 + 0.42LRCCE + E_t \tag{3-14}$$

$R^2 = 0.9035$　Adj. $R^2 = 0.90$　　$F - \text{statistic} = 252.8652$

其次，采用 ADF 检验法检验模型（3-14）残差 E_t 的平稳性（如表 3-5 所示）。

表 3-5　*LRAGDP* 和 *LRCCE* 协整检验结果

变量名称	检验形式	ADF 统计量	1% 临界值	5% 临界值
E_t	$(c, 0, 2)$	−3.27	−3.71	−2.98

表 3-5 的协整检验结果表明，检验统计量值 -3.27 小于显著性水平5%时的临界值 -2.98，即在 5% 的显著水平上可以看出所估计的 E_t 是平稳的。因此，尽管 *LRAGDP* 和 *LRCCE* 个别而论并不平稳，但两个变量的组合反映了长期稳定的协整关系。从模型(3-14)中可以看出，农村基础设施存量投资对农村经济增长意义重大，其推动作用相当大。具体而言，*LRCCE* 和 *LRAGDP* 变量之间具有较高的相关性，其系数表明，假设其他条件不变，农村基础设施存量投资每增加 1 个百分点，将促进农村经济增长 0.42 个百分点。

3.3.2.3　Granger 因果关系检验

协整检验结果证明了农村基础设施存量投资与农村经济增长之间存在着长期稳定的均衡关系，但这种均衡关系能否构成因果关系，还需进一步检验，在此借助 Granger 因果关系检验加以证明[131]（见表 3-6）。该检验主要说明两个或多个变量是否存在相互之间的因果关系，它确定的是一个变量能否有助于预测另一个变量，即如果变量 X 是变量 Y 的格兰杰成因（Granger Cause），那么 X 的过去的和现在的时间序列数据有助于改进对变量 Y 的预测。

表 3-6　Granger 因果关系检验结果

零假设 H_0	滞后阶数	F - statistic	p 值
LRCCE 不是 *LRAGDP* 的 Granger 原因	2	5.756 57	0.009 76
LRAGDP 不是 *LRCCE* 的 Granger 原因	2	2.120 94	0.143 78

可见，在显著性水平 1% 上，农村基础设施资本存量对农村经济增长具有显著的 Granger 影响，该项存量投资高效运行对经济增长能够起到促进作用。农村基础设施规模及其发展水平是影响农业发展、农民收入、农村投资吸引力和辐射能力，制约农村发展的重要因素。诚如我国著名经济学家林毅夫（2001）所言，加快农村基础设施建设是一个可以直接改变农民的生活质量，消除过剩生产能力，有利于农村产业、就业结构调整，增加农民收入的一个“一石数鸟”的政策[62]。进行农村

基础设施投资建设可以进一步促进农村现代产品市场规模扩大,降低农业生产成本,促进农村经济健康持续发展,从而为“三农”问题尽快解决提供必要的物质生产力基础。

3.3.2.4　脉冲响应函数分析

根据上述 Granger 因果检验的结论,确定变量次序为 *LRCCE* 到 *LRAGDP*。这样,在给出 VAR(3)估计的基础上,计算出农村基础设施资本存量增长率对农村经济的脉冲响应函数和累积脉冲响应函数。图 3-1和图 3-2 给出了它们的动态轨迹(注:两图中的横坐标表示冲击发生后的时间间隔,其单位是年,纵坐标表示冲击的力度;图中的实线为脉冲响应曲线,虚线表示正负两倍标准差偏离带)。

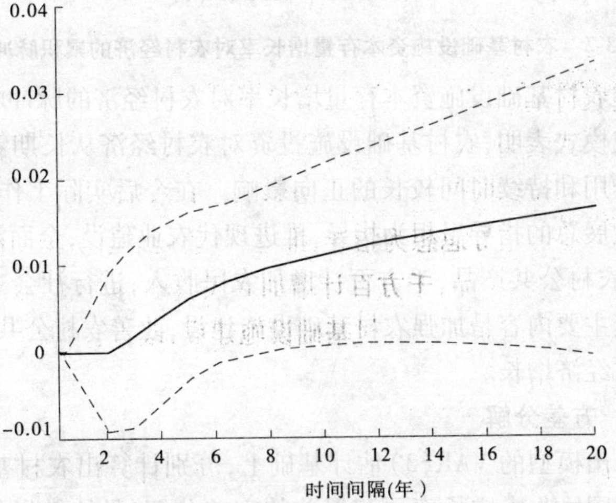

图 3-1　农村基础设施资本存量增长率对农村经济的脉冲响应

从图 3-1 可以看出,当农村基础设施资本存量增长率冲击发生后,在前 3 年影响较弱;从第 4 年开始,农村经济迅速增长,并于第 10 年开始趋于稳中有升的态势。

图 3-2 表明农村基础设施资本存量增长率对农村经济的累积冲击为持续的正向冲击。

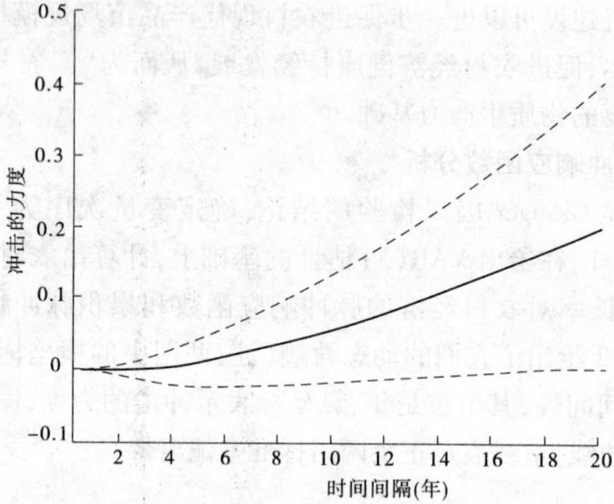

图 3-2　农村基础设施资本存量增长率对农村经济的累积脉冲响应

上述农村基础设施资本存量增长率对农村经济的脉冲响应和累积脉冲响应模式表明,农村基础设施投资对农村经济从长期看具有较强的促进作用和持续时间较长的正向影响。在今后实际工作中,应以统筹城乡发展总的指导思想为指导,推进现代农业建设,全面深化农村改革,发展农村公共产品,千方百计增加农民收入,进行社会主义新农村建设。其主要内容是加强农村基础设施建设,改善农村公共服务,进而推动农村经济增长。

3.3.2.5　方差分解

在给出模型的 VAR(3)估计基础上,分别计算出农村基础设施投资和农村国民收入增长率预测误差的方差分解,具体结果见图 3-3 和图 3-4(注:两图中的横坐标表示冲击发生后的时间间隔,其单位是年,纵坐标表示贡献率(%))。

从图 3-3 可以看出,在前 3 年,农村基础设施投资冲击对农村经济增长的贡献率几乎没有影响;从第 4 年开始,贡献率逐步上升,最高达到 50%左右。图 3-4 表明,农村国民收入增长率冲击对农村基础设施投资的贡献率呈现较为平稳的态势,保持在 20%左右。

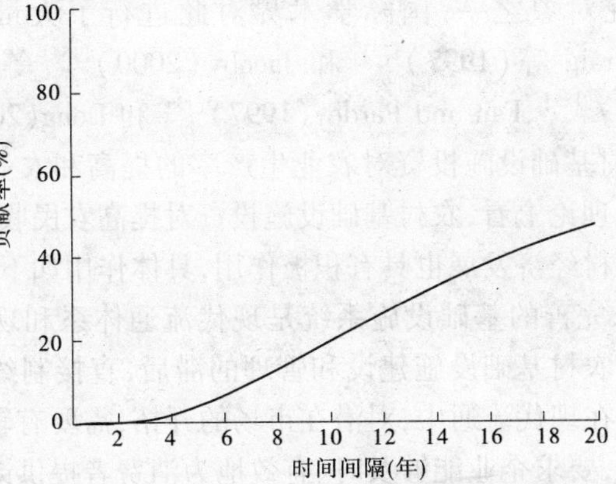

图 3-3　农村基础设施投资冲击对农村经济增长的贡献率

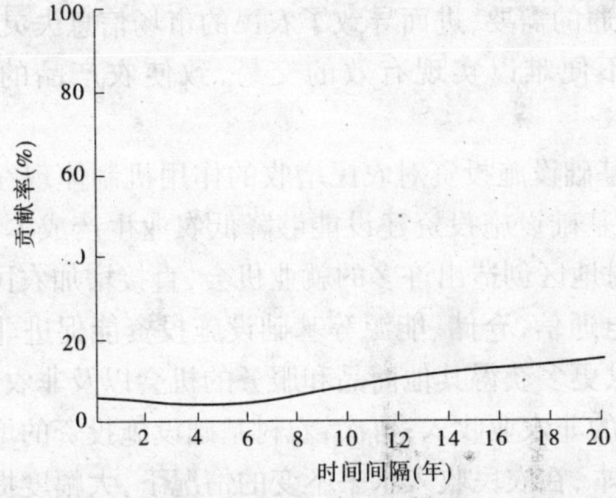

图 3-4　农村国民收入增长率冲击对农村基础设施投资的贡献率

3.4　农村基础设施投资经济绩效测算

3.4.1　理论假说

农村基础设施在农村经济发展中的作用是发展经济学和农业经济

学的重要研究对象之一,国际学术界对此进行了大量探讨。Antle (1983)[132]、Craig 等(1997)[133] 和 Jacoby(2000)[134] 等国际研究及 Benziger(1996)[135]、Fan and Pardey(1997)[136] 和 Dong(2000)[137] 等实践都表明,农村基础设施投资对农业生产率的提高和农业增长具有显著的贡献。从理论上看,农村基础设施投资对提高农民收入、降低农民支出和促进农村经济发展也具有积极作用,具体作用如下。

(1)发达、完善的基础设施系统是现代流通体系和现代消费的先决条件。中国农村基础设施建设和管理的滞后,直接制约着农村流通体系的建设。在现代流通中,对潜在市场的开拓,需要有较为完善的销售服务作后盾,要求企业能够及时、有效地为消费者提供诸如新产品宣传、上门送货、安装、维修以及技术咨询等服务。而农村交通、通信、信息服务等配套性基础设施的不完善,使目前中国农村的流通体系很难适应现代大流通的需要,进而导致了农民的市场信息失灵,大量农产品因交通、通信不便难以实现有效的交易,致使农产品的商品率难以提高。

(2)农村基础设施投资对农民增收的作用机制体现在以下四个方面:首先,农村基础设施投资建设能够降低农业生产成本,提高农业生产效率,在农村地区创造出许多的就业机会,直接增加农民收入;其次,交通运输、邮电通信、仓储、能源等基础设施投资能促进非农产业的发展,为农民提供更多获得其他商品和服务的机会以及非农就业的机会,从而增加农民的非农业收入;再次,农村基础设施投资的增加可以降低农民的生活成本,在农民收入水平不变的情况下,大幅度提高农民的购买能力;最后,农村基础设施投资项目本身能够直接增加农民收入,诸如修筑乡村公路、架设乡村电网等项目均属于高度劳动密集型,增加其建设能够创造新的就业机会,直接增加农民收入。

(3)农村基础设施投资的状况直接制约着农业生产力的综合水平。因为生产力是由劳动者、劳动对象、劳动手段和劳动条件等因素共同形成的有机统一体,其中劳动条件的核心内容是基础设施,如果公共基础设施不足,维修不善,生产力的“骨骼系统”就不完善,无论多先进的劳动手段和再聪颖的劳动者也难以充分发挥作用。同时,农村基础设施还直接制约着农业生产的发展程度。没有完善的交通运输设施,农民生产出来的产品运不出去,产品就不能成为商品,其价值就无法实现;没有水利排灌设施,农民只能靠天吃饭,无法摆脱大自然的束缚;没有通信信息设施,农民无法与外界联系,无法获得市场信息,农业和农村经济的商品化与市场化程度就不会提高。总之,农村基础设施对于建设现代农业,提高农业综合生产力具有非常重要的作用。在小农生产方式下,农户耕地数量难以扩大,主要依靠提高土地单产水平以增加农业产量,而单产水平的提高又主要依靠化肥、农药等物质投入。因此,物质费用构成农业生产成本的主要份额,减少物质投入是降低农业生产成本的主要途径。农村基础设施能够通过降低农业生产的物质投入水平来降低农业生产成本。一般而言,农业水利基础设施主要通过减少自然灾害的损失和改善土地生产条件来降低生产成本,农村交通基础设施主要通过降低农业物质投入产品的流通成本以降低农业生产成本。

具体来看,农村道路、自来水设施和电力设施等各项农村基础设施在实际中的作用如下:

首先,农村道路的投资可以改善农村运输条件和投资环境,促进农村生产发展;可以增加农民收入,扩大农民就业,促进农民生活宽裕;可以加快农村信息传播和对外交流,改变传统的生产生活方式和思想观念,激发农民自力更生、奋发图强的进取精神,促进乡风文明;可以加快农村城镇化进程,改善村容村貌,促进村容整洁。总之,农村道路是与农村、农业和农民关系最为直接的公共基础设施之一,它对繁荣农村经济、促进农村社会进步、实现农业现代化、加快乡村地区城镇化、方便农民劳作、开阔农民视野起到重大的作用。

其次,实现村村通自来水的目标,对于保障农村群众饮水安全,改善农村群众生活质量,推进农村城市化进程和全面建设小康社会具有十分重要的现实意义与历史意义。近年来,全国上下大力实施农村饮水解困工程,加快城乡供水一体化建设,农村群众饮水条件进一步改善。截至2006年底,农村自来水受益人数突破5亿多人次。饮水问题的解决,不仅直接减少了水介传染病发病率,而且通过促进环境卫生和个人卫生的改善,降低了与卫生条件有关的疾病发病率,提高了农民特别是妇女儿童的健康水平。

最后,农村电力设施可以刺激消费,扩大内需,提高农村居民生活质量。近年来,国家对农村基础设施建设投入力度加大,农村电网的建设和改造稳步推进,农电价格相对下降,这将促使农村家电消费有所增加。同时,随着国家电网的改造,城市农村同网同价和农村城镇化等政策的实行,将在一定程度上改善农村地区使用家电的客观条件和农民的生活习惯。因此,较富裕的农村地区,例如沿海地区农村、城镇结合部和新兴小城镇对家电产品的需求量将有较大数额增长。

在对样本数据进行初步分析后,我们发现采用类似于 C－D 生产函数模型的对数形式来测算农村基础设施经济绩效比较合适。

3.4.2 资本存量贡献度研究

由于基础设施资本的不可分性,将基础设施资本存量纳入生产函数比将基础设施资本流量纳入生产函数更为合理。运用永续盘存法(PIM)测算农村基础设施资本存量的思想,具体测算出农村道路、自来水设施和电力设施资本存量。

测算关键步骤所用数据如下:①经济折旧率为 13.91%。②基年资本存量,选取 1990 年为基准,当年道路、自来水设施和电力设施投资额分别为 38.39 亿元、13.59 亿元和 34.88 亿元,1990～2007 年三项设施投资额增长的几何平均数分别为 20.61%、29.64% 和 17.67%,1990 年三项设施资本存量分别为 111.20 亿元、31.20 亿元和 110.48 亿元。③当年投资额的选取,1990～2007 年道路和自来水设施当年投资额来源于建设部编制的村镇建设相关统计资料所公布的历年农村基础设施投资;电力设施当年投资额来源于《中国统计年鉴(2008)》公布的历年农村水电建设投资额。④投资品价格指数的选择,根据《中国统计年鉴(2008)》公布的固定资产投资价格指数(1990 年＝100)。

表 3-7 列出了根据永续盘存法(PIM)思想和上述基础数据估算出来的 1990～2007 年主要年份农村道路、自来水设施和电力设施的资本存量。

表 3-7　非生产性农村基础设施资本存量测算　（单位：亿元）

年份	道路	自来水设施	电力设施
1990	111.20	31.20	110.48
1995	286.21	81.87	263.47
2000	567.84	138.26	464.00
2001	647.51	147.20	506.46
2002	736.07	247.51	555.78
2003	827.60	352.64	625.68
2004	910.65	450.87	713.14
2005	1 118.30	442.32	812.20
2006	1 224.03	459.08	906.26
2007	1 316.12	471.94	1 001.66

3.4.2.1　对农民收入提高贡献度测算

主要包括函数选择和测算结果两方面内容：

(1)函数选择。采用双对数型收入函数模型(3-15)检验农村基础设施投资对农民收入的影响。

$$\ln(INCOME) = A + \alpha_1\ln(LAB) + \alpha_2\ln(I_R) + \alpha_3\ln(I_W) + \alpha_4\ln(I_E) + \alpha_5 T + \mu \qquad (3\text{-}15)$$

式中，*INCOME* 是农村居民家庭年人均纯收入；*LAB* 是乡村劳动力(前两项各年数据来源于《中国统计年鉴(2008)》)；I_R 是乡村道路资本存量；I_W 是自来水设施资本存量；I_E 是电力设施资本存量(下同)；*A* 是常数项，表示中性技术进步；$\alpha_1, \cdots, \alpha_5$ 是有待推算的回归系数；*T* 是时间趋势，1990 年取值 1，…，2007 年取值 18(下同)；μ 是随机误差项，假设其服从 $N(0,\sigma^2)$ 正态分布。

根据前面的理论分析，在收入函数模型(3-15)中，α_2、α_3 和 α_4 均应为正，它们分别是农村道路、自来水设施和电力设施的收入弹性值，反映在技术水平、乡村劳动力一定以及其他基础设施投资不变的情况下,这些投资对农民收入增加的相对贡献程度。

(2)测算结果。表 3-8 是利用全国 1990～2007 年的时间序列数据对模型(3-15)的推算结果(运用 Eviews 5.0 软件测算,下同)。

表 3-8　模型(3-15)拟合结果

变量	系数	标准差	t 统计量	p 值
C	95.290 95	37.722 22	2.526 123	0.028 2
$\ln(LAB)$	-9.399 003	3.649 018	-2.575 763	0.025 8
$\ln(I_R)$	1.821 646	0.337 255	5.401 394	0.000 2
$\ln(I_W)$	0.185 030	0.104 025	1.778 711	0.102 9
$\ln(I_E)$	0.777 836	0.425 854	1.826 532	0.095 0
T	-0.354 232	0.057 419	-6.169 299	0.000 1
R - squared	0.971 273	Adjusted R - squared		0.958 215
Log likelihood	28.785 56	Durbin - Watson stat		1.707 523
F - statistic	74.383 22	Prob(F - statistic)		0.000 000

模型(3-15)中的回归系数均在常规统计水平显著。和理论期待一致,α_2、α_3 和 α_4 均为正,表明农村道路、自来水设施和电力设施对农民家庭年人均纯收入的增加有显著的贡献,即农村基础设施投资越多,农民家庭年人均纯收入越高。Adj. R^2 达到 0.958,D - W 统计值为 1.71,表明残差之间不存在序列相关。因此,模型(3-15)的模拟结果较为理想。

在模型(3-15)中,$\ln(I_R)$ 的回归系数为 1.82,表明在农村劳动力和技术水平一定以及其他农村基础设施投资不变的情况下,若农村道路投资再增加 1%,则农民家庭年人均纯收入增长 1.82%。同样,$\ln(I_W)$ 的回归系数为 0.19,表明在农村劳动力和技术水平一定以及其他农村基础设施投资不变的情况下,若农村自来水设施投资再增加 1%,则农民家庭年人均纯收入增长 0.19%。最后,$\ln(I_E)$ 的回归系数为 0.78,表明在农村劳动力和技术水平一定以及其他农村基础设施投资不变的情况下,若农村电力设施投资再增加 1%,则农民家庭年人均纯收入增长 0.78%。

3.4.2.2　对农民支出降低贡献度测算

主要包括函数选择和测算结果两方面内容:

(1)函数选择。采用双对数型成本函数模型(3-16)检验农村基础设施在降低农民支出中的作用。

$$\ln(COST) = \beta_0 + \beta_1\ln(POP) + \beta_2 PRICE + \beta_3\ln(I_R) + \beta_4\ln(I_W) + \beta_5\ln(I_E) + \beta_6 T + \nu \quad (3\text{-}16)$$

式中,$COST$ 指农民家庭年人均总支出;POP 指乡村人口数(前两项各年数据来源于《中国统计年鉴(2008)》);$PRICE$ 是农业生产资料价格指数(历年数据来源于各年统计年鉴和《中国农业发展报告(2008)》);$\beta_0,\beta_1,\cdots,\beta_6$ 是有待推算的回归系数;ν 是随机误差项,假设其服从 $N(0,\sigma^2)$ 正态分布。

根据成本函数的定义和前面的理论分析,在双对数型成本函数模型(3-16)中,β_1 和 β_2 应为正,而 β_3、β_4 和 β_5 均应为负,它们分别是农村道路、自来水设施和电力设施的成本弹性值,表示在技术一定,且乡村人口数、农业生产资料价格和其他农村基础设施投资不变的情况下,这些投资的增加对农民支出下降的相对影响程度。

(2)测算结果。表 3-9 是利用全国 1990～2007 年的时间序列数据对模型(3-16)的推算结果。

表 3-9 表明模型(3-16)中的回归系数均在常规统计水平显著。与理论预期相反,β_4 为正,表明农村自来水设施对降低农民支出作用不明显。其原因可能在于,尽管农村自来水设施的增加有利于农民家庭支出的降低,但由于目前农村自来水投资较少,对农民家庭支出的贡献有限,其结果是,农村自来水设施对降低农民家庭支出效果不明显。和理论假说一致,β_3 和 β_5 为负,表明农村道路和电力设施对农民家庭年人均总支出的降低有显著的贡献,即农村道路和电力基础设施投资越多,农民家庭年人均总支出越低。Adj. R^2 达到 0.969,但 D－W 统计值为 2.32,处于不能判断残差是否存在序列相关的区间,意味着模型的估测结果的可信度有一定的局限。

表 3-9 模型(3-16)拟合结果

变量	系数	标准差	t 统计量	p 值
C	−94.623 88	33.382 33	−2.834 550	0.017 7
$PRICE$	0.008 854	0.001 217	7.274 356	0.000 0
$\ln(POP)$	9.964 117	3.386 064	2.942 684	0.014 7
$\ln(I_R)$	−1.296 472	0.591 854	−2.190 527	0.053 3
$\ln(I_W)$	0.214 499	0.085 716	2.502 426	0.031 3
$\ln(I_E)$	−1.608 636	0.686 908	−2.341 852	0.041 2
T	0.426 387	0.185 471	2.298 948	0.044 3
R − squared	0.980 328	Adjusted R − squared		0.968 524
Log likelihood	33.920 75	Durbin − Watson stat		2.318 375
F − statistic	83.054 46	Prob(F − statistic)		0.000 000

在模型(3-16)中,$\ln(I_R)$的回归系数为 1.30,表明在其他变量不变的情况下,若农村道路投资再增加 1%,则农民家庭年人均总支出降低 1.30%。同样,$\ln(I_E)$的回归系数为 1.61,表明在其他变量不变的情况下,若农村电力设施投资再增加 1%,则农民家庭年人均总支出将降低 1.61%。

3.4.2.3 对农村经济发展贡献度测算

主要包括函数选择和测算结果两方面内容:

(1)函数选择。采用双对数型 C − D 生产函数模型(3-17)检验农村基础设施对农村经济的影响。

$$\ln(RURAL) = \gamma_0 + \gamma_1\ln(POP) + \gamma_2\ln(I_R) + \gamma_3\ln(I_W) + \gamma_4\ln(I_E) + \gamma_5 T + \omega \tag{3-17}$$

其中,$RURAL$ 是农业生产总值,是农村经济的代理变量;POP 是乡村人口数;ω 是随机误差项,假设其服从 $N(0,\sigma^2)$ 正态分布。

根据前面的理论分析,在双对数 C − D 生产函数模型(3-17)中,γ_2、γ_3 和 γ_4 均应为正,它们分别是农村道路、自来水设施和电力设施的经济推动弹性值,反映在技术水平和其他基础设施投资不变的情况下,这些投资对农村经济发展的相对贡献程度。

(2)测算结果。表 3-10 是利用全国 1990～2007 年的时间序列数据对模型(3-17)的推算结果。

与模型(3-16)类似,模型(3-17)中的回归系数均在常规统计水平显著。与理论预期相反,γ_3 为负,表明农村自来水设施对拉动农村经济发展效果不明显。其原因可能同样缘于农村自来水设施投资较少,因而对农民经济发展的贡献有限。和理论假说一致,γ_2 和 γ_4 为正,表明农村道路和电力设施对农村经济的发展有显著的贡献,即农村道路和电力基础设施投资越多,农村经济发展越快。Adj. R^2 高达 0.997,D－W统计值为 2.01,表明残差之间不存在序列相关。因此,模型(3-17)的模拟结果较为理想(见表 3-10)。

表 3-10　模型(3-17)拟合结果

变量	系数	标准差	t 统计量	p 值
C	35.727 90	3.986 010	8.963 324	0.000 0
$\ln(POP)$	－2.780 198	0.393 855	－7.058 937	0.000 1
$\ln(I_R)$	0.382 630	0.059 473	6.433 632	0.000 1
$\ln(I_W)$	－0.021 420	0.011 993	－1.786 041	0.107 7
$\ln(I_E)$	0.577 655	0.090 747	6.365 521	0.000 1
T	－0.115 626	0.018 323	－6.310 509	0.000 1
VAR(1)	－0.757 110	0.287 936	－2.629 440	0.027 4
R － squared	0.998 438	Adjusted R － squared		0.997 397
Log likelihood	57.295 98	Durbin － Watson stat		2.008 294
F － statistic	958.788 3	Prob(F － statistic)		0.000 000

在模型(3-17)中,$\ln(I_R)$的回归系数为 0.38,表明在其他变量不变的情况下,若农村道路投资再增加 1%,则农村经济将增长 0.38%。同样,$\ln(I_E)$的回归系数为 0.58,表明在其他变量不变的情况下,若农村

电力设施投资再增加1%,则农村经济将增长0.58%。

综上可知,农村道路、电力、自来水设施建设水平对我国农业生产、非农业生产以及农民人均收入均具有统计上的显著影响,基础设施发展在农业生产和非农业生产增长中都存在规模经济效益。因此,应继续加大农村基础设施建设力度,重点加强对经济类基础设施的投资,并结合本地发展实际,有重点、分阶段地进行农村基础设施投资,以最大限度地发挥资金效益,加速农村经济发展。

值得说明的是,由于本书重点倾向和资料获取所限,以上研究主要以定量化指标为主,诸如作为评价生活质量的一个重要指标,生活满意度(又称为快乐或幸福感(happiness)、满意感(satisfaction))等定性化指标在模型中没有涉及,有待于今后深入研究。诚然,以上模型若是加入这些定性化指标,所拟合结果的可信性将有一定程度的提高。

3.5 本章小结

本章首先论述了永续盘存法(PIM)的理论基础,利用该方法估算了我国1978~2007年农村基础设施资本存量;其次,利用Eviews 5.0统计分析软件,运用计量经济分析中的单位根检验、协整检验、Granger因果关系检验、脉冲响应函数以及方差分解的一系列主流方法,实证研究了农村基础设施资本存量运行对农村经济的推动作用;最后,在建立理论假说的基础上,构建了双对数型C-D生产函数模型,测算了农村道路、自来水设施和农村电力设施各项基础设施的投资经济绩效。

第 4 章　农村基础设施投资效率相对有效性研究

本章采用 2001 ~ 2007 年面板数据，对我国东中西部 29 个省（市、区）农村基础设施的投资效率相对有效性进行动态研究，主要包括：DEA 简介、基本模型构建和具体测算等内容。

4.1　DEA 简介

数据包络分析（Data Envelopment Analysis，简称 DEA），是运筹学、管理科学和数理经济学交叉研究的一个新的领域。它是由 Charnes 和 Cooper 等[138]于 1978 年开始创建的。DEA 是使用数学规划模型评价具有多个输入和多个输出的"部门"或"单位"（称为决策单元，Decision Making Unit，简记为 DMU）间的相对有效性（称为 DEA 有效）。根据对各 DMU 观察的数据判断 DMU 是否为 DEA 有效，本质上是判断 DMU 是否位于生产可能集的"前沿面"上。生产前沿面是经济学中生产函数向多产出情况的一种推广，使用 DEA 方法和模型可以确定生产前沿面的结构，因此又可将 DEA 方法看做是一种非参数的统计估计方法[139,140]。使用 DEA 对 DMU 进行效率评价时，可以得到很多在经济学中具有深刻经济含义和背景的管理信息，因而 DEA 领域的研究吸引了众多的学者，诸如我国学者魏权龄（1998）[141]、陈勇等（2006）[142]、宫俊涛等(2008)[143]，取得了一定的研究成果。

4.1.1　DEA 基本思想

DEA 方法的基本思想是建立一个数学规划模型，对各个决策单元做出相应的评价。一个决策单元在某种程度上是一种约定，它可以是学校、医院、法院、空军基地，也可以是银行或企业。其特点是：每个

DMU 都可以看做是相同的实体,亦即在某一视角下,各 DMU 具有相同的输入和输出。通过对输入输出数据的综合分析,DEA 可以得出每个 DMU 综合效率的数量指标,据此将各 DMU 定级排序,确定有效的(即相对效率最高的)DMU,并指出其他 DMU 非有效的原因和程度,给主管部门提供管理信息。DEA 还能判断各 DMU 的投入规模是否恰当,并给出了各 DMU 调整投入规模的正确方向和程度。

作为一种效率评价方法,DEA 方法能够评价处于同一系统内的各个单元的有效性,它主要是根据被评价系统的投入产出指标,建立相应的评价模型,从而得到每个评价单元的效率评价值。该评价方法具有以下优点[139]:

(1)客观性。DEA 方法主要是通过数据和数学规划模型进行评估,因此与 AHP 等方法相比,显得更加客观,它能在某种程度上规避评价者的主观意识,从而得到更为客观的结论。但这种客观性也不是绝对的,虽然数据和数学模型都不会体现评价者的主观意识,然而评估者能够通过改变评价指标来影响评价结果。

(2)DEA 方法不用考虑量纲,使用起来比较方便。在建立评估体系时,评估指标可能是多种多样的,比如可能包括投入成本、在职人数、钢材投入量、产品价格、产出量等,这些不同的指标往往具有不同的量纲,价格的单位可能是元/斤,成本的单位是万元,人数的单位是人。以往的评价方法往往需要对这些量纲进行归一化处理,而 DEA 方法则不需要考虑量纲,不需要进行归一化处理,简化了评价工作的流程。

(3)DEA 方法具有比较明确的经济意义,它能反映被评价单元的生产活动是否有效,进而将这种有效性进一步分解为规模有效性和技术有效性,从而全面地评估决策单元的生产状况。

(4)DEA 方法能给主管部门提供许多管理信息。通过对部门内部各个单元之间的评估,可以知道哪些单元的效率更高,哪些单元的规模更为合理,这些信息都能辅助主管部门的决策。

4.1.2　DEA 的一般工作过程

一般来说,DEA 的工作过程包括如下几个环节:

(1)确定评价目标。需要明确系统评价的目标以及影响这些目标的因素,并围绕评价目标对评价对象进行分析,辨识决策单元的边界和各因素间可能的定性定量关系,便于评价指标体系的选取和评价模型的选择。

(2)选择决策单元,即确定参考集。根据上述所确定的目标选定决策单元集合,一般来说,决策单元的选取应满足以下几个基本特征:具有相同的目标和任务;具有相同的外部环境;具有相同的投入产出指标,并且决策单元的选取应具有一定的代表性。

(3)建立输入输出指标体系。实践中,评价指标体系的选取应遵循针对性、真实性、精简性、可操作性和一致性等基本原则,并注意指标之间的配合与相互关系,避免因忽视了某一指标的约束性而影响其他指标的意义。

(4)选择DEA评价模型。根据评价目标和实际问题的背景选择适当的DEA评价模型,充分考虑到投入产出指标的可处理性、决策单元生产可能集的形式、指标间的相对重要性、决策者的偏好等因素。

(5)进行DEA评价分析。利用模型计算的结果,判断各单元的DEA有效性,找出非有效单元无效的原因及其改进措施,或进行其他的行为分析(如规模收益分析、单元排序分析等)。综合以上结论,形成评价报告,并向决策人员提出建议以辅助决策。

以上思想可简单地用图4-1表示。

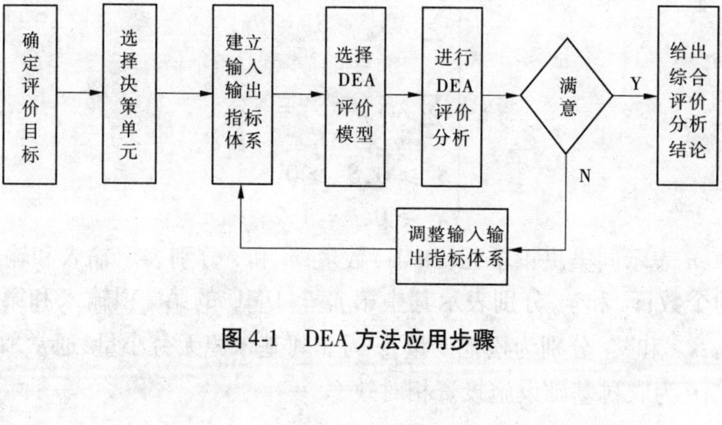

图4-1 DEA方法应用步骤

4.2 C^2R 模型和 BC^2 模型

DEA 方法的模型是:在基于凸性、锥性、无效性最小的公理假设的基础上,有生产可能集为:

$$T = \left\{(X,Y) \,\middle|\, \sum_{j=1}^{n} X_j\lambda_j \leqslant X, \sum_{j=1}^{n} X_j\lambda_j \geqslant Y, \lambda_j \geqslant 0; j = 1,2,\cdots,n\right\} \tag{4-1}$$

DEA 的基本模型主要有 C^2R 模型与 BC^2 模型两种,C^2R 模型的假设是分析主体在固定规模报酬下运营,但实际上并非每一分析主体都在固定规模报酬下生产,若存在变动规模报酬,则导致在衡量技术效率时规模效率亦混杂其中。因此,必须考虑变动规模报酬的情况。BC^2 模型将 C^2R 模型中的固定规模报酬的假设剔除,以衡量处于不同规模报酬状态下的相对效率值。

4.2.1 C^2R 模型

评价农村基础设施投资效率相对有效性的 DEA 模型(C^2R)可由式(4-2)给出:

$$\min = \left[\theta - \varepsilon\left(\sum_{i=1}^{m} s_i^- + \sum_{r=1}^{s} s_r^+\right)\right]$$

$$s.t.\begin{cases} \sum_{j=1}^{n} \lambda_j x_{ij} + S^- = \theta x_{ij_0} \\ \sum_{j=1}^{n} \lambda_j y_{rj} - S^+ = y_{rj_0} \\ S^- \geqslant 0, S^+ \geqslant 0 \\ \lambda_j \geqslant 0, j = 1,2,\cdots,n \end{cases} \tag{4-2}$$

式中,n 表示同类决策单元(DMU)数量;m 和 s 分别表示输入和输出指标的个数;x_{ij_0} 和 y_{rj_0} 分别表示其中第 j_0 个 DMU 的第 i 项输入和第 r 项输出;s_i^- 和 s_r^+ 分别为松弛变量;ε 为非阿基米德无穷小量,通常取 $\varepsilon = 10^{-5}$;θ 为农村基础设施投资相对效率。

此模型的含义是 n 个 DMU 的某种线性组合,使其产出在不低于第 j_0 个 DMU 产出的条件下,投入尽可能小。该模型是从产出不变、投入减小的角度构造的,称为投入的效率评价模型。它主要用于评价 DMU 同时为规模有效和技术有效的情况,有下列结论:

(1)若 $\theta^0=1, s_i^{-0}=0, s_r^{+0}=0$,则 DMU_{j0} 为 DEA 有效;

(2)若 $\theta^0<1$,或 $s_i^{-0}\neq 0, s_r^{+0}\neq 0$,则 DMU_{j0} 为非 DEA 有效。

4.2.2　BC^2 模型

在 C^2R 模型(式(4-2))的约束条件和生产可能集 T 中同时加入条件 $\sum_{j=1}^{n}\lambda_j=1$,则可以得到基于 DEA 方法的农村基础设施投资评价的 BC^2 模型,如式(4-3)所示。

$$\min = \left[\theta - \varepsilon\left(\sum_{i=1}^{m} s_i^- + \sum_{r=1}^{s} s_r^+\right)\right]$$

$$s.t.\begin{cases}\sum_{j=1}^{n}\lambda_j x_{ij} + S^- = \theta x_{ij_0} \\ \sum_{j=1}^{n}\lambda_j y_{rj} - S^+ = y_{rj_0} \\ \sum_{j=1}^{n}\lambda_j = 1 \\ S^- \geqslant 0, S^+ \geqslant 0 \\ \lambda_j \geqslant 0, j=1,2,\cdots,n\end{cases} \tag{4-3}$$

对于 C^2R 模型中 $\theta^0<1$ 的情况,即非规模和技术有效,可以再通过 BC^2 模型判断其是否为技术有效,若评价模型中 BC^2 的最优解 $\theta^{*0}=1$,则可判断 DMU_{j0} 是技术有效而非规模有效;若 $\theta^{*0}<1$,则说明决策单元 DMU_{j0} 既非技术有效,也非规模有效。对非有效 DMU,可通过调整投入产出以使其达到规模与技术有效。进一步将 BC^2 模型中的 $\sum_{j=1}^{n}\lambda_j=1$ 改为 $\sum_{j=1}^{n}\lambda_j\leqslant 1$(非递增规模报酬),将规模无效的单元重新计算,若所求得的纯技术效率与先前由 C^2R 模型求得的值相同,则为递减规模报

酬;若不相等,则为递增规模报酬。

4.3 数据处理

运用 DEA 模型进行农村基础设施投资效率的评价需要确定决策单元、投入指标和产出指标,具体处理步骤如下。

4.3.1 东中西部决策单元划分

本章选取全国 29 个省(市、区)(DMU),并将其划分为东部、中部和西部三个地区进行分析(括号内的内容为其简称)。具体划分情况为:

东部地区,包括北京(京)、天津(津)、辽宁(辽)、上海(沪)、江苏(苏)、浙江(浙)、福建(闽)、山东(鲁)、广东(粤)、海南(琼)等;

中部地区,包括河北(冀)、山西(晋)、内蒙古(蒙)、吉林(吉)、黑龙江(黑)、安徽(皖)、江西(赣)、河南(豫)、湖北(鄂)、湖南(湘)等;

西部地区,包括广西(桂)、四川(川)、贵州(黔)、云南(滇)、陕西(陕)、甘肃(甘)、青海(青)、宁夏(宁)、新疆(新)等。

本研究不含西藏地区,重庆市包含于四川省(注:1997 年重庆列为直辖市,但为保证本书研究的整体性和一致性,特作此处理)。

构建科学的投资效率评价指标体系,首先必须保证指标项可以全面反映投资领域的投入和产出,满足系统性的要求;其次应确保投入和产出的口径统一;再次要考虑指标数据的可获取性和准确性。综合考虑上述因素,本章分析所采用的样本取自 2001 ~ 2007 年的 29 个省(市、区)农村历年有关经济数据,主要数据包括投入和产出两个部分,其中,投入指标为农村基础设施投资、播种面积和乡村劳动力;产出指标拟选取农村经济和农村居民人均纯收入。评价的投入(X)和产出(Y)指标如表 4-1 所示。

4.3.2 数据来源及变量处理

(1)数据来源。2001 ~2004 年 29 个省(市、区)农村基础设施投资数据根据建设部编制的《村镇建设统计资料》整理所得(注:由于某些原因，建设部未提供 2003 年相关资料，此年数据利用 2002 年和 2004 年数据推测而得），其他年份数据源于《村镇建设统计年报(2005)》（建设部综合财务司编制），中国建筑工业出版社出版的《中国城乡建设统计年鉴(2006)》、《城市、县城和村镇建设统计年报(2007)》（注：在具体的模型测算中，已考虑数据来源统计口径不一致问题，做了必要的处理）。

表 4-1　评价的投入和产出指标

投入指标	产出指标
农村基础设施投资 X_1 播种面积 X_2 乡村劳动力 X_3	农村经济 Y_1 农村居民人均纯收入 Y_2

农村播种面积、乡村劳动力数量和农村居民人均纯收入来源于各年《中国统计年鉴》。衡量“农村经济”的指标应该采用“农村国民收入”，但由于目前没有统计资料，所以用“第一产业 GDP”数据作为代表，数据来源于各年《中国统计年鉴》。

(2)变量处理。为消除物价变动对各项指标的影响，农村基础设施投资采用固定资产投资价格指数折算成 1990 年不变价格，同时采用永续盘存法(PIM)测算出历年资本存量；农村经济以第一产业生产总值指数（可比价格，1990 年 = 100）折算；农村居民人均纯收入采用历年农业生产资料价格指数折算成 1990 年不变价格。

4.4　农村基础设施投资规模经济效益测算

本章基于前面所构建的 DEA 模型，利用东中西部 29 个决策单元的观测数据，进行农村基础设施投资效率规模经济测算工作，具体包括：研究其投资效率相对有效值、总体规模经济效益和分地区规模经济效益情况。

4.4.1　29 个省（市、区）农村基础设施投资效率相对有效值测算

根据前面所构建的模型，分别测算出 2001 ~ 2007 年间 29 个决策

单元农村基础设施投资效率相对有效值(如表 4-2 所示)。

表 4-2　29 个决策单元农村基础设施投资效率相对有效值

序号	DMU	2001 年	2002 年	2003 年	2004 年	2005 年	2006 年	2007 年
1	北京	1	1	1	1	1	1	1
2	天津	1	1	1	0.866	0.996	1	1
3	辽宁	0.774	0.736	0.727	0.843	0.868	0.839	0.936
4	上海	0.952	0.928	1	1	1	1	1
5	江苏	0.622	0.622	0.653	0.740	0.897	0.829	0.921
6	浙江	0.889	0.790	0.836	0.726	0.814	0.835	0.870
7	福建	1	0.913	0.964	0.894	0.877	0.948	1
8	山东	0.535	0.502	0.533	0.864	0.669	0.895	1
9	广东	0.803	0.742	0.758	0.782	0.767	0.936	0.895
10	海南	1	1	1	1	1	1	1
11	河北	0.785	0.734	0.651	0.744	0.716	0.759	0.840
12	山西	0.260	0.262	0.276	0.440	0.291	0.380	0.381
13	内蒙古	0.757	0.666	0.663	0.619	0.766	0.620	0.656
14	吉林	0.859	0.813	0.783	0.722	0.847	0.715	0.692
15	黑龙江	0.476	0.469	0.498	0.595	0.616	0.629	0.679
16	安徽	0.567	0.510	0.421	0.540	0.476	0.468	0.506
17	江西	0.710	0.682	0.586	0.548	0.579	0.489	0.519
18	河南	0.671	0.359	0.324	0.556	0.429	0.602	0.648
19	湖北	0.588	0.540	0.589	0.775	0.682	0.700	0.760
20	湖南	0.567	0.450	0.418	0.538	0.464	0.501	0.605
21	广西	0.806	0.837	0.818	0.675	1	0.910	0.927
22	四川	0.419	0.387	0.416	0.495	0.445	0.434	1
23	贵州	0.730	0.693	0.541	0.453	0.475	0.452	0.456
24	云南	0.488	0.427	0.412	0.512	0.499	0.524	0.505
25	陕西	0.500	0.458	0.406	0.584	0.475	0.610	0.634
26	甘肃	0.757	0.640	0.570	0.682	0.589	0.576	0.574
27	青海	1	0.838	0.897	0.882	1	1	1
28	宁夏	0.542	0.531	0.693	0.813	0.917	1	1
29	新疆	1	0.928	1	1	1	1	1
均值		0.726	0.671	0.670	0.720	0.730	0.747	0.793

表 4-2 列示了 29 个省(市、区)农村基础设施投资效率相对有效值的测算结果。从 29 个决策单元的均值可以看出,2001 ~ 2007 年农村基础设施投资效果均不甚理想,尤其是 2003 年,投资效率相对值仅为 0. 670。相对于之前年份,2007 年投资效果有所改进,达到 0. 793。

在表 4-2 基础上,进一步计算出东中西部决策单元的投资效率相对有效值(计算结果如表 4-3 所示)。从分地区来看,2001 ~ 2007 年 7 年间投资效率最好地区为东部地区(0. 883),西部地区次之(0. 696),中部地区较差(0. 586),其原因值得进一步思考和挖掘。

表 4-3　东中西部决策单元投资效率相对有效值

地区	2001 年	2002 年	2003 年	2004 年	2005 年	2006 年	2007 年	均值
东部	0. 858	0. 823	0. 847	0. 871	0. 889	0. 928	0. 962	0. 883
中部	0. 624	0. 548	0. 521	0. 608	0. 587	0. 586	0. 629	0. 586
西部	0. 693	0. 638	0. 639	0. 677	0. 711	0. 723	0. 788	0. 696

从实际地区分布结构看,中、西部地区的农村基础设施明显落后于东部经济发达地区。一方面,中、西部地区的农田水利等生产性基础设施的普及率和完好率明显低于东部,干旱缺水是西北地区农业生产最严重的瓶颈制约。另一方面,东部地区的道路、通信体系较完备,农民的水电、燃气、文化、医疗、保健等消费状况明显优于中、西部地区。东部地区 80% 以上的农村有一定数量的基础设施用于公共消费和享受,有的地方还有公园,但在中、西部地区,特别是西部部分地区人文性基础设施数量几乎为零。

进一步研究 29 个决策单元投资效率的有效性,从表 4-4 可以看出 2001 ~2007 年 7 年间 29 个决策单元的农村基础设施投资有效 DEA 单元情况。其中,2001 年、2005 年、2006 年和 2007 年较为理想,均有 6、7 个(2007 年达到 10 个)有效 DEA 单元。对于 DEA 有效的决策单元采用优选方法对每个 DMU 在相同生产可能集的条件下构成其他 DMU 有效前沿面的次数进行统计,海南和北京均靠前(如表 4-4 中括号内数字所示)。其中,海南在 2001 ~ 2006 年间连续 6 年均排名第一,可以作为其他决策单元学习和研究的标杆省。

表4-4 2001～2007年农村基础设施投资有效DEA决策单元

年份	有效DEA单元个数	名称及其构成其他单元有效前沿面个数
2001	6	北京(9)、天津(1)、福建(1)、海南(18)、青海(2)、新疆(12)
2002	3	北京(12)、天津(2)、海南(24)
2003	5	北京(13)、天津(2)、上海(0)、海南(24)、新疆(9)
2004	4	北京(18)、上海(0)、海南(22)、新疆(20)
2005	6	北京(12)、上海(0)、海南(23)、广西(7)、青海(2)、新疆(5)
2006	7	北京(15)、天津(1)、上海(0)、海南(19)、青海(0)、宁夏(0)、新疆(18)
2007	10	北京(3)、天津(4)、上海(1)、福建(2)、山东(9)、海南(14)、四川(2)、青海(0)、宁夏(0)、新疆(17)

4.4.2 总体规模经济效益研究

简单而言,规模经济是扩大投资引起经济效益增加的现象。规模经济反映的是生产要素的集中程度同经济效益之间的关系。

表4-5是关于29个决策单元投资的规模经济效益情况。

表4-5 29个决策单元农村基础设施投资的规模经济效益测算

序号	DMU	*CRSTE*	*VRSTE*	*SCALE*	规模报酬
1	北 京	1	1	1	CRS
2	天 津	1	1	1	CRS
3	辽 宁	0.709	1	0.709	DRS
4	上 海	0.801	1	0.801	IRS
5	江 苏	0.631	1	0.631	DRS

续表 4-5

序号	DMU	*CRSTE*	*VRSTE*	*SCALE*	规模报酬
6	浙 江	0.694	0.971	0.715	DRS
7	福 建	0.831	1	0.831	DRS
8	山 东	0.614	1	0.614	DRS
9	广 东	0.923	1	0.923	DRS
10	海 南	1	1	1	CRS
11	河 北	0.495	0.755	0.655	DRS
12	山 西	0.529	0.571	0.926	DRS
13	内蒙古	0.823	0.966	0.852	DRS
14	吉 林	0.784	0.947	0.827	DRS
15	黑龙江	0.844	1	0.844	DRS
16	安 徽	0.545	0.933	0.585	DRS
17	江 西	0.652	1	0.652	DRS
18	河 南	0.515	1	0.515	DRS
19	湖 北	0.696	1	0.696	DRS
20	湖 南	0.597	1	0.597	DRS
21	广 西	0.594	0.920	0.646	DRS
22	四 川	0.580	1	0.580	DRS
23	贵 州	0.763	1	0.763	DRS
24	云 南	0.641	1	0.641	DRS
25	陕 西	0.398	0.514	0.776	DRS
26	甘 肃	0.397	0.426	0.932	DRS
27	青 海	0.630	1	0.630	IRS
28	宁 夏	0.487	0.871	0.559	IRS
29	新 疆	1	1	1	CRS
均值		0.696	0.927	0.755	

注: *CRSTE* 为规模报酬不变假设下的 *TE*;*VRSTE* 为规模报酬可变假设下的 *TE*;*SCALE* 为规模效率;DRS 为规模报酬递减;IRS 为规模报酬递增;CRS 为规模报酬不变。

从表 4-5 可以看出,在所选样本的测算中,规模报酬递增的有 3 个决策单元,即上海、青海和宁夏,其中两个属于西部地区;规模报酬递减的有 22 个;规模报酬不变的有 4 个,分别为北京、天津、海南和新疆。

结合图 4-2 的 7 年来农村基础设施投资历史数据(单位:亿元,当年价格)变化情况来看,历年东部基础设施投资数量最多,中部次之,西部地区数量最少(但其规模经济在样本期间情况较好)。可见,今后农村基础设施投资重点应向西部地区偏移。

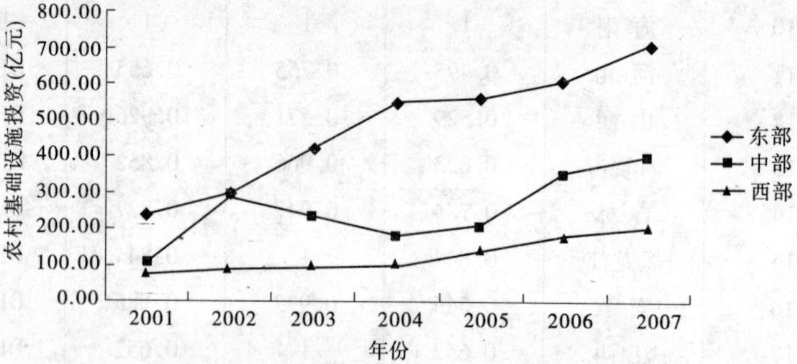

图 4-2　东中西部农村基础设施投资情况

4.4.3　分地区规模经济效益研究

利用 DEA Solver 1.0 版本的软件,分别测算出 2001 ~ 2007 年间东中西部的规模经济效益情况。

4.4.3.1　东部地区

经过计算,东部地区规模收益情况如表 4-6 所示。

根据表 4-6 测算结果,东部地区 7 年间 10 个决策单元的规模经济效益情况具体表现为:北京和海南两个决策单元一直保持规模收益不变;辽宁、江苏、浙江、广东决策单元规模收益递减;天津决策单元规模收益变化较大,2001 ~ 2003 年为规模收益不变,自 2004 年和 2005 年规模收益递增后于 2006 年和 2007 年为规模收益不变;福建决策单元仅 2001 年和 2007 年规模收益不变,其间 5 年均呈现规模收益递减态势;山东决策单元除 2007 年为规模收益不变外,之前 6 年均为规模收益递减。

表 4-6　2001～2007 年东部决策单元规模收益

DMU	2001 年	2002 年	2003 年	2004 年	2005 年	2006 年	2007 年
北京	CRS	CRS	CRS	CRS	CRS	CRS	CRS
天津	CRS	CRS	CRS	IRS	IRS	CRS	CRS
辽宁	DRS	DRS	DRS	DRS	DRS	DRS	DRS
上海	DRS	DRS	CRS	CRS	CRS	CRS	CRS
江苏	DRS	DRS	DRS	DRS	DRS	DRS	DRS
浙江	DRS	DRS	DRS	DRS	DRS	DRS	DRS
福建	CRS	DRS	DRS	DRS	DRS	DRS	CRS
山东	DRS	DRS	DRS	DRS	DRS	DRS	CRS
广东	DRS	DRS	DRS	DRS	DRS	DRS	DRS
海南	CRS	CRS	CRS	CRS	CRS	CRS	CRS

注：CRS 为规模收益不变；IRS 为规模收益递增；DRS 为规模收益递减。

4.4.3.2　中部地区

经过计算，中部地区规模收益情况如表 4-7 所示。

表 4-7　2001～2007 年中部决策单元规模收益

DMU	2001 年	2002 年	2003 年	2004 年	2005 年	2006 年	2007 年
河北	DRS	DRS	DRS	DRS	DRS	DRS	DRS
山西	CRS	CRS	CRS	DRS	IRS	DRS	CRS
内蒙古	DRS	DRS	DRS	CRS	DRS	CRS	CRS
吉林	DRS	DRS	DRS	DRS	DRS	DRS	CRS
黑龙江	DRS	DRS	DRS	DRS	DRS	DRS	DRS
安徽	DRS	DRS	DRS	DRS	DRS	DRS	DRS
江西	DRS	DRS	DRS	DRS	DRS	DRS	DRS
河南	DRS	DRS	DRS	DRS	DRS	DRS	DRS
湖北	DRS	DRS	DRS	DRS	DRS	DRS	DRS
湖南	DRS	DRS	DRS	DRS	DRS	DRS	DRS

注：CRS 为规模收益不变；IRS 为规模收益递增；DRS 为规模收益递减。

从表 4-7 的测算结果可以看出,中部地区 7 年间 10 个决策单元中无一个决策单元为规模收益不变,除山西、内蒙古和吉林 3 个决策单元外,其余 7 个均是规模收益递减态势。山西决策单元,7 年间规模收益变化比较大,前 3 年为规模收益不变情况,2004 年为规模收益递减态势,2005 年为规模收益递增情况,2006 年为规模收益递减,2007 年为规模收益不变;内蒙古决策单元,前 3 年为规模收益递减,2004 年情况有所好转,回归至规模收益不变,2005 年为规模收益递减,后两年又为规模收益不变;吉林决策单元,前 6 年均呈现规模收益递减态势,2007 年回归至规模收益不变。此三个决策单元投资效率变化情况应进一步挖掘原因。

4.4.3.3　西部地区

经过计算,西部地区规模收益情况如表 4-8 所示。

表 4-8　2001 ~ 2007 年西部决策单元规模收益

DMU	2001 年	2002 年	2003 年	2004 年	2005 年	2006 年	2007 年
广 西	DRS	DRS	DRS	DRS	CRS	DRS	DRS
四 川	DRS	DRS	DRS	DRS	DRS	DRS	CRS
贵 州	CRS	DRS	CRS	CRS	CRS	CRS	CRS
云 南	DRS	DRS	DRS	DRS	DRS	DRS	CRS
陕 西	DRS	DRS	DRS	DRS	DRS	DRS	CRS
甘 肃	CRS	IRS	IRS	CRS	CRS	CRS	CRS
青 海	CRS	IRS	IRS	IRS	CRS	CRS	CRS
宁 夏	CRS	IRS	IRS	IRS	CRS	CRS	CRS
新 疆	CRS	DRS	CRS	CRS	CRS	CRS	CRS

注:CRS 为规模收益不变;IRS 为规模收益递增;DRS 为规模收益递减。

从表 4-8 可以看出,西部地区 7 年间贵州和新疆两个决策单元除 2002 年为规模收益递减外,其余年份一直为规模收益不变情况;四川、云南和陕西 3 个决策单元 2001 ~ 2006 年间均呈现规模收益递减态势,2007 年为规模收益不变;其余决策单元具体变化情况为,青海和宁夏两个决策单元 7 年间变化相同，即 2001 年为规模收益不变，2002～2004 年规模收益递增，2005～2007 年回归至规模收益不变；广西决策单元除 2005 年为规模收益不变外，其余 6 年均呈现规模收益递减态势；甘肃决策单元，2001 年为规模收益不变，2002～2003 年为规模收益递增，之后 4 年又为规模收益不变。

4.5　测算结果分析

经过上述测算，发现农村基础设施投资规模经济效益存在以下的特点和问题：

(1)总体而言，农村基础设施资金使用率较低，规模经济效益低下。具体来看，中部地区规模经济效益情况不很理想，西部地区规模经济效益情况较好，今后农村基础设施投资重点应向西部地区偏移。

有关资料显示：西部地区农村基础设施覆盖率低于全国和东部的水平（资料来源：国家统计局农调队，《中国农村统计年鉴(2008)》），西部地区要发展，占西部地区绝大多数的农村的发展是前提，农村的发展离不开基础设施的建设，西部农村基础设施现状难以适应西部地区进一步发展的要求，改善西部农村基础设施滞后的格局显得尤为迫切。

(2)7 年间收益不变的仅有东部地区的北京和海南两个决策单元；无一个决策单元保持规模收益持续递增；其余决策单元总体上规模收益递减，这种情况需要引起国家、当地政府和农村基层组织的警惕，应积极查找原因，调整投资方向，尽快改善此情况。

农村基础设施投资滞后延缓了农村经济的发展，成为经济发展的瓶颈。我们要充分认识农村基础设施投资建设在农村中的作用，并加大投入力度，加快农村基础设施建设的步伐。但这只是问题的一个方面，另一方面基础设施建设在速度上不是越快越好，在规模上不是越大越好，而是要同经济发展相协调，并考虑投资的经济效益和社会效益，实现协调发展。当前农村基础设施的投资建设存在着双重问题：既滞后，又盲目上马、重复建设。因此，我们要在农村基础设施投资过程中总揽全局，协调发展。

(3)农村基础设施是开放的系统,是农村内部经济、社会、信息、行政和组织等所组成的错综复杂网络之间的重要联系。我国基础设施投资相对于直接生产性投资应采取“适度优先、协调一致”的发展模式,积极促进农村经济社会的协调发展。通过上面计算分析也可以看出相对效率值 $\theta=1$ 也不一定意味着该决策单元已经处于完全最优状态,只是表明其他年份农村基础设施投入产出的各种线性组合均不能构成一个比该年份更有效的组合。如果把海南跟纽约、东京等国际大都市进行有效性比较,可能就会表现出农村基础设施发展投入产出相对效率值 $\theta\neq1$,从而找出农村基础设施间发展的差距。

4.6 本章小结

本章首先全面详细阐述了 DEA 方法思想及其工作过程;其次,给出评价农村基础设施投资效率相对有效性的 DEA 模型,即 C^2R 模型和 BC^2 模型;再次,选取了模型所需的指标体系,并对相关变量进行了处理;最后,进行了系统的实证研究和存在问题的剖析工作。具体包括:研究了东中西部投资效率相对有效性和决策单元规模收益等内容,针对不同的区域,分析各区域农村基础设施投资效率相对有效性的变化。

第5章　基于 Malmquist - DEA 的农村基础设施投资效率测度

农村基础设施投资 Malmquist 生产率测度是深层次挖掘投资潜力,改进投资策略的重要手段。本章深入进行农村基础设施投资 Malmquist 生产率研究,具体包括 Malmquist - DEA 方法基本原理的阐述和实证研究两方面内容。

5.1　Malmquist - DEA 方法基本原理

5.1.1　全要素生产率

5.1.1.1　全要素生产率概念界定

全要素生产率(Total Factor Productivity,TFP),是指一个生产单元(企业、行业、国家或地区)在一定时期内生产的总产出和总投入之比,即生产活动在一定时间内的效率。它常被用做衡量一个行业或地区经济运行状况的综合性指标,一般的含义为资源(包括人力、物力、财力)开发利用的效率。从经济增长的角度来说,生产率与资本、劳动等要素投入都贡献于经济的增长。从效率角度考察,生产率等同于一定时间内国民经济中产出与各种资源要素总投入的比值。从本质上讲,它反映的则是一个国家(地区)为了摆脱贫困、落后和发展经济在一定时期里表现出来的能力和努力程度,是技术进步对经济发展作用的综合反映。

5.1.1.2　全要素生产率测度方法

目前用来测度全要素生产率(TFP)增长的方法,大体上可以分成两个主要的类别,即参数和非参数两类。其中,参数测度又可分为"余值"法和随机前沿生产函数法。

(1)"余值"法。20 世纪 50 年代,诺贝尔经济学奖获得者索洛

(Solow)提出了具有规模报酬不变特性的总量生产函数和增长方程,形成了现在通常所说的生产率(全要素生产率)含义,并将人均产出增长扣除资本集约程度增长后的未被解释部分归为技术进步的结果,称其为技术进步率。这些未被解释的部分后来被称为“增长余值”(或“索洛余值”),也即为全要素生产率的增长率。

在此基础上,美国经济学家丹尼森(Denison E.)[145]发展了“余值”的测算方法,主要是把投入要素进行了更加详细的分类,然后利用权数合成总投入指数。由索洛和丹尼森等发展起来的这种方法直到今天仍然占有十分重要的地位。进入20世纪80年代以后,在生产率理论与测算方法研究中成就突出的是美国著名经济学家乔根森,他采用超越对数生产函数的形式在部门和总量两个层次上进行了生产率的度量。1993年Nehru等[146]、1996年Collins等[147]分别使用包含许多国家样本资料的数据,利用该方法进行了测度研究。

(2)随机前沿生产函数法。1977年,Aigner等分别独立提出了随机前沿生产函数[148]。之后逐渐发展起来的随机前沿生产函数法则允许技术无效的存在,并将TFP的变化分解为生产可能性边界的移动和技术效率的变化,这种方法比传统的生产函数法更接近于生产和经济增长的实际情况,能够将影响TFP的因素从TFP的变化率中分离出来,从而更加深入地研究经济增长的根源。利用这种方法研究宏观经济的运行,可以参见Koop等(1999)[149]、Maudos等(2000)[150]及Hendersond等(2001)[151]的著作和论文资料。

(3)非参数方法。非参数的生产率指数法是当前国际上生产率研究领域的新方法[152]。非参数方法一般常用DEA方法,它按照多种投入和多种产出的观察值,对同类型单位进行有效性评价。DEA方法也是一种处理多目标决策问题的理论上完备的方法,更是经济研究中根据线性规划的对偶理论来估计多投入—多产出的有效生产前沿面的有力工具。有效生产前沿面实际上是生产函数的一种推广,在有效性评价方面,除DEA方法外,还有其他的一些方法。但这些方法往往仅限于单输出的情况,所以DEA方法能处理多产出问题,常被作为非参数问题研究的一个优点。

5.1.1.3 测度方法比较

自从1957年索洛(Solow)提出新经济增长理论以来,其测算方法就成为解释经济增长的标准测度工具。但其对某国投入要素的增长对产出的增长的分布要求比较苛刻;产出的增长中,不能解释的残差部分,都归结成全要素生产率的增长。

应用第二种方法的主要障碍,是前沿生产函数的估计和观察点到前沿面距离的测度(可解释成无效率的测度)。前沿的估计可以使用所谓的随机前沿分析(SFA)的参数方法来完成,它有能较好地处理测度误差的优点,在处理小规模或中等规模的样本时具有一定的价值,但需要生产函数的某种具体形式,而且处理测度误差过程中还需要一定的分布假设。

非参数的数据包络分析(DEA)方法,把观察值到前沿面的偏差都当做无效率的结果,完全忽略了测度的误差。和 SFA 相比较,DEA 最大的优点是它仅通过使用线性规划的办法,而不需要任何具体函数形式或分布假设,来得到前沿函数。

Malmquist 指数方法,就是基于数据包络分析(DEA)方法而提出的。它首先由 Malmquist(1953)提出,1982年 Caves 等首度用它作为生产率指数使用。这种生产率指数有两个主要的优点:第一,它不需要相关的价格信息。但是它不能对一个孤立的国家或地区样本进行测算,必须是包含多个对象和指标的样本才能测度。由于相关投入和产出的数量数据较易获得,而要素的价值份额和价格等信息不够完善,故这个优点就显得尤为重要。第二,其可以分解为技术效率变化和技术进步变化两个部分,这样,我们就可以从中测算出效率和技术的变动情况。

权衡所有的这些优缺点,本书主要使用基于数据包络分析(DEA)的 Malmquist 生产率指数,测度农村基础设施投资效率的变化。关于 Malmquist 指数和 DEA 方法更为完全和详尽的论述,可以参见其他相关的资料,接下来的相关内容,仅仅是其中一些主要的结论和论述。

5.1.2 Malmquist 生产率指数

Caves、Christensen 和 Diewart[153] 在1982年首次提出了 Malmquist

生产率指数(Malmquist Productivity Index,MPI)。虽然这一研究在当时就产生了很大的影响,但在其后的较长一段时期内,却很少出现有关这一理论的应用研究。直到1994年,费尔(Fare)等[154,155]给出了这种理论的一种非参数的线性规划算法,才使Malmquist生产率指数得以广泛应用。目前利用DEA方法计算MPI已成为现代生产率问题研究中的一个重要方法,应用于工业、农业、金融、医疗、公共管理、铁路等各种部门(或企业)的生产率度量,以及生产率问题的国际比较研究。该方法的主要思想如下。

每一项生产条件下,可以定义产出或者投入数据包络分析模型。假设有N个样本,每个样本对于投入$x \in R^I_+$,产出$y \in R^O_+$,t期生产可能集T定义为:

$$T = \{(x,y) \mid \text{在 } t \text{ 期},x \text{ 可以生产 } y\} \tag{5-1}$$

Caves 等第一次定义了相对于单一技术、基于输出变量的Malmquist生产率指数:

$$MPI_0^t = \frac{D_0^t(x_{t+1},y_{t+1})}{D_0^t(x_t,y_t)} \tag{5-2}$$

$$MPI_0^{t+1} = \frac{D_0^{t+1}(x_{t+1},y_{t+1})}{D_0^{t+1}(x_t,y_t)} \tag{5-3}$$

式中,$D_0^t(x_t,y_t)$和$D_0^{t+1}(x_{t+1},y_{t+1})$是分别根据生产点在相同时间段($t$和$t+1$)同前沿面技术相比较得到的输出距离函数;$D_0^t(x_{t+1},y_{t+1})$和$D_0^{t+1}(x_t,y_t)$分别是根据生产点在混合期间同前沿面技术相比较得到的输出距离函数。

运用所定义的Malmquist生产率指数的几何平均值来计算定向输出Malmquist指数:

$$MPI(x_{t+1},y_{t+1},x_t,y_t) = \left[\frac{D_0^{t+1}(x_{t+1},y_{t+1})}{D_0^{t+1}(x_t,y_t)} \times \frac{D_0^t(x_{t+1},y_{t+1})}{D_0^t(x_t,y_t)}\right]^{\frac{1}{2}} \tag{5-4}$$

式中:$D_0^t(x_t,y_t)$为从t时期到$t+1$时期的距离,如果MPI大于1,表明从t时期到$t+1$时期的MPI的增长为正值,反之表明从t时期到$t+1$

时期的 MPI 的增长为负值。

根据 Fare 等(1992)[155]的研究,式(5-4)可以写成下列等价形式,该等式将生产率变化分解成技术效率变化和技术进步变化两个部分:

$$MPI(x_{t+1},y_{t+1},x_t,y_t) = \frac{D_0^{t+1}(x_{t+1},y_{t+1})}{D_0^t(x_t,y_t)}\left[\frac{D_0^t(x_{t+1},y_{t+1})}{D_0^{t+1}(x_{t+1},y_{t+1})} \times \frac{D_0^t(x_t,y_t)}{D_0^{t+1}(x_t,y_t)}\right]^{\frac{1}{2}} \tag{5-5}$$

式中:等号右边第一项测量了时期 t 到 $t+1$ 期间技术效率的变化情况,即测量了时期 t 和 $t+1$ 的生产点同前沿面的相对距离的变化情况,记为 TE;第二项测量了时期 t 到 $t+1$ 期间的技术变化情况,即前沿面的移动情况,记为 TP。

在上面分析的基础上,将假设在生产规模收益不变(CRS)时所计算的技术效率变化 TE 进一步再分解为纯技术效率变化(PTE)和规模效率变化(SE),即:

$$TE = PTE \times SE \tag{5-6}$$

纯技术效率变化(PTE)是在规模收益可变的假设下,生产点距各自前沿面的相对距离的比率。即:

$$PTE = D_{0,VRS}^{t+1}(x_{t+1},y_{t+1})/D_{0,VRS}^t(x_t,y_t) \tag{5-7}$$

根据式(5-5),可得规模效率变化为:

$$SE = \frac{TE}{PTE} = \frac{\dfrac{D_0^{t+1}(x_{t+1},y_{t+1})}{D_{0,VRS}^{t+1}(x_{t+1},y_{t+1})}}{\dfrac{D_0^t(x_t,y_t)}{D_{0,VRS}^t(x_t,y_t)}} \tag{5-8}$$

规模效率变化为两对距离函数比值的比率。每对距离函数的比值表示规模效率。规模效率表示每个时期生产点在规模收益不变和规模收益可变的假设下与各自前沿面的距离的比率。

综上所述,Malmquist 生产率指数可以分解为三个部分:纯技术效率变化、规模效率变化和技术进步变化,即:

$$\begin{aligned} MPI(x_{t+1},y_{t+1},x_t,y_t) &= PTE \times SE \times TP \\ &= \frac{D_{0,VRS}^{t+1}(x_{t+1},y_{t+1})}{D_{0,VRS}^t(x_t,y_t)} \times \end{aligned}$$

$$\frac{\dfrac{D_0^{t+1}(x_{t+1},y_{t+1})}{D_{0,VRS}^{t+1}(x_{t+1},y_{t+1})}}{\dfrac{D_0^{t}(x_{t},y_{t})}{D_{0,VRS}^{t}(x_{t},y_{t})}} \times$$

$$\left[\frac{D_0^{t}(x_{t+1},y_{t+1})}{D_0^{t+1}(x_{t+1},y_{t+1})} \times \frac{D_0^{t}(x_{t},y_{t})}{D_0^{t+1}(x_{t},y_{t})}\right]^{\frac{1}{2}} \tag{5-9}$$

式中,等式右边第一项表示纯技术效率变化,第二项表示规模效率变化,最后一项表示技术进步变化。生产率的变化,即 *MPI*,分解为纯技术效率变化、规模效率变化以及技术进步变化,可能等于 1、大于 1 或小于 1,分别表示没有变化、有改进或倒退。

图 5-1 表明了距离函数(distance function)和 Malmquist 生产率指数的构建过程(资料来源:扶缚龙, 黄健柏. 我国火力发电企业的技术效率的实证研究: 基于 Malmquist 指数的分析. 2005 年经济年会会议)。

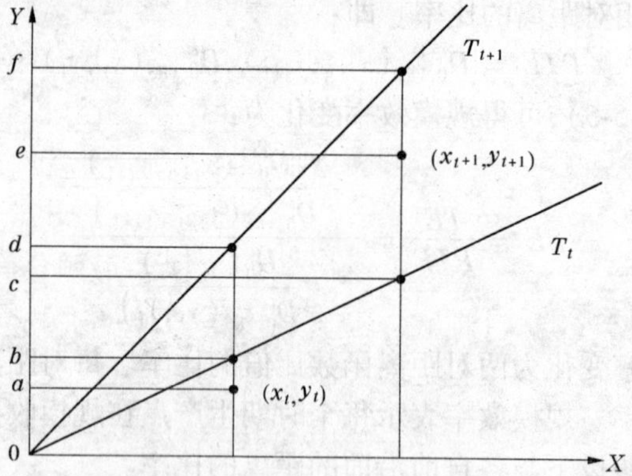

图 5-1　Malmquist 指数和距离函数的关系

根据图 5-1 可知:

$$\left.\begin{aligned} D_0^t(x_t, y_t) &= oa/ob \\ D_0^{t+1}(x_{t+1}, y_{t+1}) &= oe/of \\ D_0^t(x_{t+1}, y_{t+1}) &= oe/oc \\ D_0^{t+1}(x_t, y_t) &= oa/od \end{aligned}\right\} \tag{5-10}$$

其中,技术效率变化为:

$$\frac{D_0^{t+1}(x_{t+1}, y_{t+1})}{D_0^t(x_t, y_t)} = \frac{oe/of}{oa/ob} \tag{5-11}$$

技术进步变化为:

$$\left[\frac{D_0^t(x_{t+1}, y_{t+1})}{D_0^{t+1}(x_{t+1}, y_{t+1})} \times \frac{D_0^t(x_t, y_t)}{D_0^{t+1}(x_t, y_t)}\right]^{\frac{1}{2}} = \left[\frac{oe/oc}{oe/of} \times \frac{oa/ob}{oa/od}\right]^{\frac{1}{2}} \tag{5-12}$$

因此,Malmquist 生产率指数(MPI):

$$\frac{D_0^{t+1}(x_{t+1}, y_{t+1})}{D_0^t(x_t, y_t)}\left[\frac{D_0^t(x_{t+1}, y_{t+1})}{D_0^{t+1}(x_{t+1}, y_{t+1})} \times \frac{D_0^t(x_t, y_t)}{D_0^{t+1}(x_t, y_t)}\right]^{\frac{1}{2}} = \frac{oe/of}{oa/ob}\left[\frac{oe/oc}{oe/of} \times \frac{oa/ob}{oa/od}\right]^{\frac{1}{2}} \tag{5-13}$$

可见,Malmquist 生产率指数是在距离函数的基础上定义的。因此,计算 Malmquist 生产率指数只要计算出距离函数的值就可以了。距离函数的计算有多种方法,本章采用数据包络分析(DEA)方法进行计算。对于距离函数 $D_0^t(x_t, y_t)$,需要对如下四个线性规划问题进行求解:

$$\left[D_0^{t-1}(x_{t-1}, y_{t-1})\right]^{-1} = \max_{\theta,\lambda}\theta$$

$$s.t. \begin{cases} -\theta y_{i,t-1} + Y_t\lambda \geqslant 0 \\ x_{i,t-1} - X_{t-1}\lambda \geqslant 0 \\ \lambda \geqslant 0 \end{cases} \tag{5-14}$$

$$\left[D_0^t(x_t, y_t)\right]^{-1} = \max_{\theta,\lambda}\theta$$

$$s.t. \begin{cases} -\theta y_{i,t} + Y_t\lambda \geqslant 0 \\ x_{i,t} - X_t\lambda \geqslant 0 \\ \lambda \geqslant 0 \end{cases} \tag{5-15}$$

$$\left[D_0^{t-1}(x_t, y_t)\right]^{-1} = \max_{\theta,\lambda}\theta$$

$$s.t.\begin{cases}-\theta y_{i,t}+Y_{t-1}\lambda\geqslant 0\\ x_{i,t}-X_{t-1}\lambda\geqslant 0\\ \lambda\geqslant 0\end{cases} \tag{5-16}$$

$$[D_0^t(x_{t-1},y_{t-1})]^{-1}=\max_{\theta,\lambda}\theta$$

$$s.t.\begin{cases}-\theta y_{i,t-1}+Y_t\lambda\geqslant 0\\ x_{i,t-1}-X_t\lambda\geqslant 0\\ \lambda\geqslant 0\end{cases} \tag{5-17}$$

总之,将 Malmquist 生产率增长分为技术进步和效率提高两部分的方法具有重要的意义。特别是在发展中国家,把 Malmquist 生产率增长看做完全是技术进步的结果会掩盖全要素生产率增长还依靠自身效率提高这一事实。因此,当我们引进新的技术时,应充分注意挖掘现有的全部潜力和努力改善自身效率这一事实,而不是仅把目光放在引进新的技术上。

5.2 指标选择

诚如第 4 章所言,构建科学的投资效率评价指标体系,首先必须保证指标项可以全面反映投资领域的投入和产出,满足系统性的要求;其次应确保投入和产出的口径统一;再次要考虑指标数据的可获取性和准确性。综合考虑上述因素,本章分析所采用的样本取自 1991 ~ 2007 年的 29 个省(市、区)农村历年有关经济数据,主要数据包括投入和产出两个部分,其中,投入指标为农村基础设施投资、播种面积和乡村劳动力;产出指标拟选取农村经济。

本章研究选取的 29 个决策单元及其划分方式和变量处理方式与第 4 章类似。需要阐明的是,1991 ~ 2000 年 29 个省(市、区)农村基础设施投资数据根据建设部编制的《村镇建设统计资料》整理所得,其他指标来源于各年《中国统计年鉴》。2001 ~ 2007 年数据来源与第 4 章相同,在此就不再赘述。

5.3 农村基础设施投资效率测度

在本章中，把每一个省市看做一个决策单元，运用由Fare等(1994)改造的DEA方法来构造在每一个时期中国农村基础设施投资最佳实践前沿面。把每一个DMU的投资同最佳实践前沿面进行比较，从而对农村基础设施投资Malmquist生产率进行测度。

本章采用DEA方法和Coelli(1996)[156]的DEAP 2.1统计分析软件，利用东中西部29个决策单元的面板数据分析年度以及决策单元的投资效率变化(*MPI*)情况及其组分变化趋势。

5.3.1 年度投资效率变化情况及其组分变化趋势

经过一系列测算，研究了1991～2007年度农村基础设施投资效率变化(*MPI*)及其组分变化情况，即技术效率变化(*TE*)和技术进步变化(*TP*)，其中，技术效率变化包括纯技术效率变化(*PTE*)和规模效率变化(*SE*)。其测算结果如表5-1和图5-2所示。

表5-1 29个省(市、区)农村1991～2007年Malmquist指数计算

年份	*TE*	*TP*	*PTE*	*SE*	*MPI*
1991	1.004	0.931	0.961	1.044	0.935
1992	1.197	0.819	1.034	1.157	0.980
1993	0.995	1.089	0.992	1.003	1.083
1994	0.937	1.362	0.976	0.959	1.276
1995	0.875	1.316	0.944	0.927	1.152
1996	1.109	0.918	1.057	1.049	1.018
1997	1.066	0.871	1.039	1.026	0.928
1998	0.895	1.017	0.960	0.932	0.910
1999	0.966	0.903	0.969	0.997	0.873
2000	0.983	0.956	1.009	0.975	0.939
2001	0.991	0.967	0.988	1.003	0.958
2002	0.905	1.037	0.977	0.927	0.939

续表 5-1

年份	*TE*	*TP*	*PTE*	*SE*	*MPI*
2003	0.986	1.005	0.975	1.011	0.991
2004	1.117	0.848	1.012	1.103	0.947
2005	0.977	1.172	1.019	0.959	1.145
2006	1.032	0.826	0.970	1.064	0.852
2007	1.083	1.038	1.009	1.074	1.124
平均值	1.004	0.994	0.993	1.011	0.997

表 5-1 和图 5-2 表明,从整体来看,1991 ~ 2007 年 29 个决策单元的投资效率提高较为缓慢,除 1993 ~ 1996 年、2005 年和 2007 年外,其他年份均表现出投资效率的倒退;平均而言,17 年间投资效率呈下降态势。

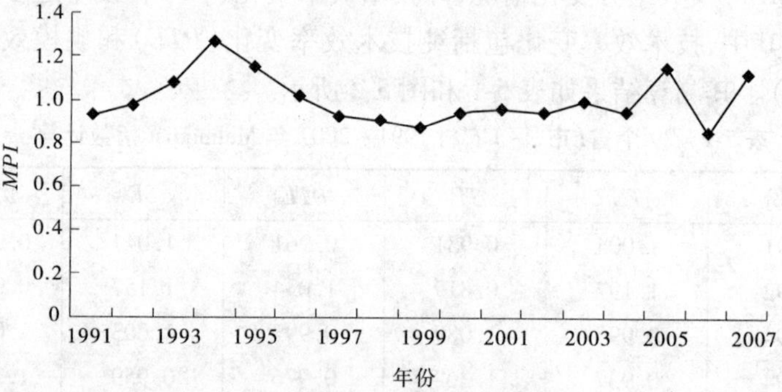

图 5-2 投资效率变化情况

图 5-3 表明了 1991 ~ 2007 年间 29 个决策单元的技术效率变化的情况。从变化趋势来看,17 年间,该指标变化较为平稳。其中,1992 ~ 1996 年间,出现技术效率下降趋势,这种效率的降低可能源于农村基础设施施工组织管理水平和运营管理水平比较低,在今后实际工作中应重视农村基础设施的产权制度、治理机制、管理者的经营能力、系统规模和成熟度等方面内容。

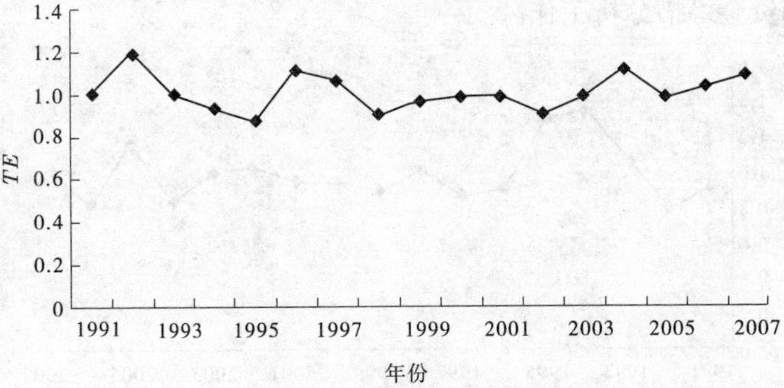

图 5-3　技术效率变化情况

图 5-4 列示了 1991 ~ 2007 年间 29 个决策单元的纯技术效率变化的情况。从变化的趋势来看，17 年间，该指标变化较为激烈，经历了两次“M”型变化，即 1991 ~ 1999 年和 1999 ~ 2006 年两个阶段，在第一个阶段中，纯技术效率变化从急剧增长，到 1992 年急剧下落，此趋势一直保持到 1995 年，而后又迅速攀升。该状态仅仅保持一年，即 1996 年，之后又大幅度下滑，直至 1999 年。在第二个阶段中，变化较为平缓，但也呈“M”型变化。其原因值得进一步探讨。

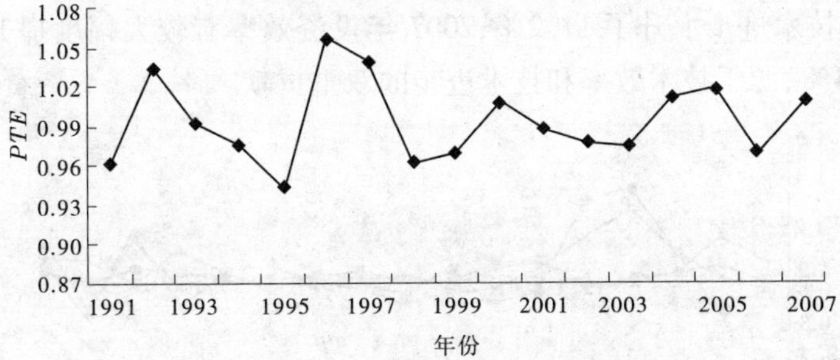

图 5-4　纯技术效率变化情况

图 5-5 表明了 29 个决策单元技术进步变化的情况。1992 ~ 1995 年间该指标急剧上升，可能源于投资决策方法变得更加科学，也可能是先进技术的采用导致施工水平的提高等。在今后实践中，应积极改进农村基础设施投资决策方法，做好项目的可行性研究、投资分析、预期

效益和资金筹措分析工作。

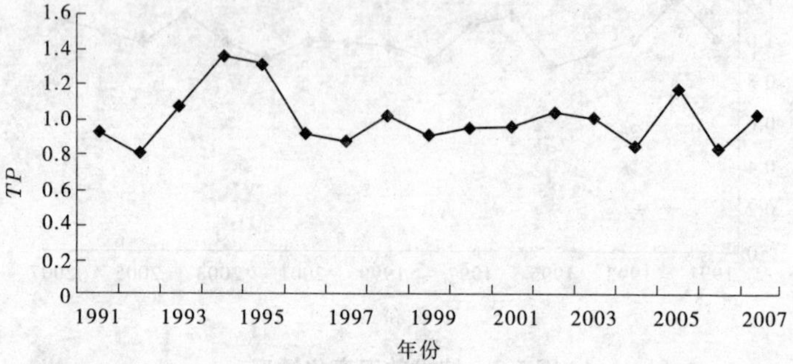

图 5-5　技术进步变化情况

结合表 5-1 和图 5-6 对农村基础设施投资效率的测算结果进行分析，投资效率上升的有 6 年，即 1993 ~ 1996 年、2005 年和 2007 年。1996 年投资效率上升了 1.8%，原因在于技术效率上升了 10.9%，进一步分析，该年技术效率上升源于纯技术效率上升了 5.7% 和规模效率上升了 4.9%；1994 年是投资效率上升最多的一年，达到 27.6%，主要在于技术进步上升了 36.2%；2005 年投资效率上升了 14.5%，其原因在于技术进步上升了 17.2%；2007 年投资效率有较大幅度提升，达到 12.4%，源于技术效率和技术进步的双重贡献。

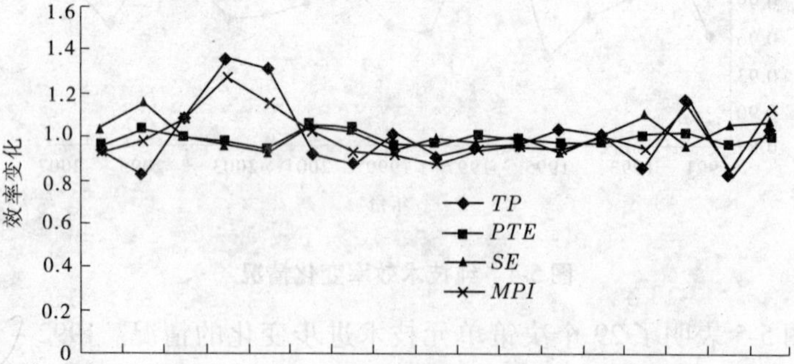

图 5-6　投资效率变化原因分析

除了上述6年投资效率呈上升的态势，其余年份投资效率出现不同程度的下降，以下降最为严重的2006年为例，该年投资效率下降了14.8%，原因在于技术进步下降了17.4%。

总体来看，相比于1992年，1993～1996年投资效率有所改观，属于一种恢复性增长；1997～2004年投资效率又趋于下降；2006年投资效率下降最为严重；2007年投资效率有所上升。

5.3.2　决策单元投资效率变化情况及其组分变化趋势

1991～2007年间29个省（市、区）农村基础设施投资的技术效率变化、技术进步变化、纯技术效率变化和规模效率变化的计算结果见表5-2。

从表5-2测算结果可以看出：

（1）总体而言，有15个决策单元投资效率大于1，其余的14个决策单元投资效率小于1。投资效率上升幅度最大的是上海，其值为8.0%，原因在于技术效率上升了1.3%和技术进步上升了6.6%，可见上海投资效率上升来自于技术效率和技术进步的双重贡献；投资效率下降幅度最大的是贵州，其值为14.1%，原因在于效率进步下降了3.0%和技术进步下降了11.4%。北京和海南两个地区分别实现了投资效率上升，均源于技术进步的贡献。

表5-2　1991～2007年29个省（市、区）Malmquist指数计算

所属区域	DMU	*TE*	*TP*	*PTE*	*SE*	*MPI*
东部	北京	1	1.019	1	1	1.018
	天津	1	0.987	1	1	0.987
	辽宁	1.016	1.020	0.997	1.019	1.037
	上海	1.013	1.066	1	1.013	1.080
	江苏	1.023	1.027	1	1.023	1.050
	浙江	1.013	1.041	1.001	1.013	1.055
	福建	1.011	1.037	1	1.011	1.049
	山东	1.029	1.033	1	1.029	1.063
	广东	0.998	1.048	0.997	1.001	1.046
	海南	1	1.005	1	1	1.005

续表 5-2

所属区域	DMU	*TE*	*TP*	*PTE*	*SE*	*MPI*
中部	河北	1.032	0.979	1.017	1.015	1.010
	山西	0.981	1.018	0.976	1.005	0.998
	内蒙古	0.981	0.963	0.974	1.007	0.944
	吉林	0.993	1.020	0.982	1.011	1.012
	黑龙江	0.987	1.039	0.984	1.003	1.026
	安徽	0.996	0.959	0.969	1.027	0.955
	江西	0.987	0.941	0.964	1.024	0.928
	河南	1.014	0.964	1	1.014	0.977
	湖北	1.005	1.019	0.988	1.017	1.024
	湖南	1.001	0.978	0.978	1.024	0.979
西部	广西	1.027	0.960	1.005	1.022	0.985
	四川	1.033	1.027	1	1.033	1.061
	贵州	0.970	0.886	0.963	1.007	0.859
	云南	0.986	0.955	0.966	1.021	0.942
	陕西	1.028	0.962	1.018	1.009	0.989
	甘肃	1.022	0.915	1.019	1.003	0.935
	青海	0.967	0.964	1	0.967	0.932
	宁夏	0.999	1.034	1.008	0.991	1.033
	新疆	1	0.977	1	1	0.977

(2)从技术进步指数看,共有 15 个决策单元实现了技术进步。具体分析,除天津外的东部地区 9 个决策单元均实现了技术进步,这种进步可能是由于投资决策方法变得更加科学,也可能是由于先进技术的采用导致施工水平的提高;进一步来看,实现技术进步的 9 个决策单元(广东除外)同时实现了效率的提高,这种效率的提高可能表现在基础设施建设施工组织管理水平的提高和运营管理水平的提高;中部和西部地区部分决策单元实现了技术进步。

(3)从技术效率指数看,包括上海和河北在内的 14 个决策单元实现了效率提高,北京、天津、海南和新疆 4 个决策单元保持了效率不变,其余11个决策单元出现效率降低，这种效率的降低可能源于施工组织管理水平和运营管理水平比较低，在今后实际工作中应加以重视。

进一步分析表明，纯技术效率进步指数变化情况为：11个决策单元保持纯技术效率不变（其中东部地区共有7个决策单元）；6个决策单元实现了纯技术效率提高；12个决策单元出现纯技术效率降低。规模效率进步指数变化情况为：4个决策单元保持规模效率不变，23个决策单元实现了提高，其余2个决策单元出现规模效率降低情况。

在表5-2基础上，进一步计算出东中西部决策单元总体的投资效率变化情况（计算结果如表5-3所示）。

表5-3　东中西部地区投资效率变化

地区	*TE*	*TP*	*PTE*	*SE*	*MPI*
东部	1.010 3	1.028 3	0.999 5	1.010 9	1.039 0
中部	0.997 7	0.988 0	0.983 2	1.014 7	0.985 3
西部	1.003 6	0.964 4	0.997 7	1.005 9	0.968 1

结合表5-3以及图5-7～图5-9来研究分区域的农村基础设施投资效率变化的情况，东部决策单元整体上升了3.9%，源于技术进步和技术效率的双重贡献，具体而言，技术进步提升了2.83%，技术效率提升了1.03%；中部决策单元投资效率整体下降了1.5%，主要原因是技

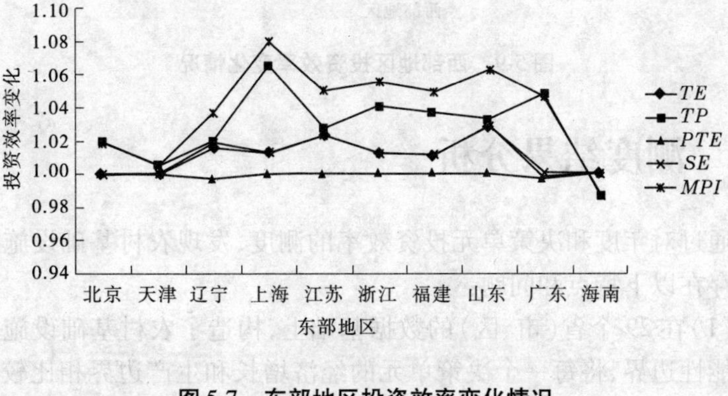

图5-7　东部地区投资效率变化情况

术效率和技术进步均呈现下降态势，尤其是技术进步下降了1.2%；西部决策单元投资效率整体下降了3.2%，其根源在于技术进步下降了3.6%。

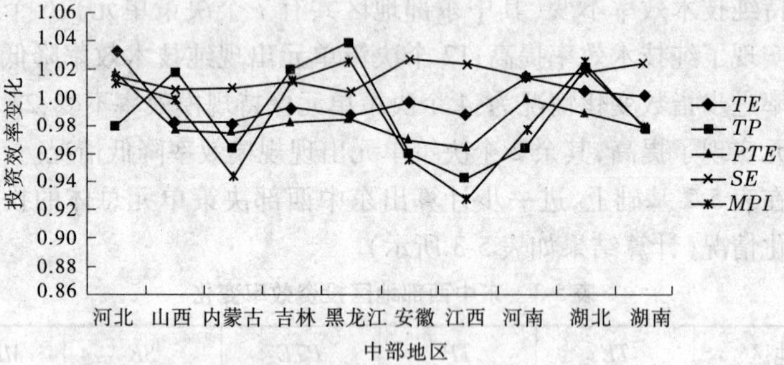

图5-8 中部地区投资效率变化情况

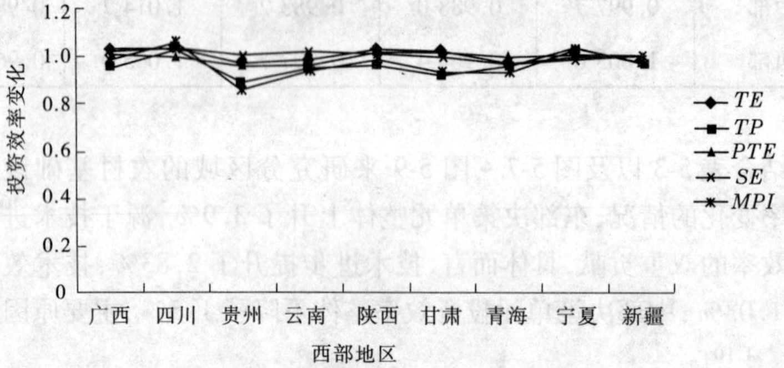

图5-9 西部地区投资效率变化情况

5.4 测度结果分析

通过对年度和决策单元投资效率的测度，发现农村基础设施投资效率存在以下特点和问题：

(1)在29个省(市、区)的数据基础上，构造了农村基础设施的生产可能性边界，将每一个决策单元的经济增长和生产边界相比较。全要素生产率的增长可以分解为技术效率变化和技术进步变化,并且对技术效率的变化进一步分解。技术效率主要是制度改革等引起的效率提高(逼近生产可能性边界)的结果,在一定资源条件下多大程度上可以得到最大可能产出;技术进步是创新或引进先进新技术的结果,引起生产可能性边界的外移。一方面,技术效率的追赶效应导致了实际产出的增长(即向生产边界移动);另一方面,技术进步所引起的增长效应不仅意味着短期产出水平的提高,而且带来了经济增长的可持续性。这两者的根本差别是,追赶效应会随着时间的流逝而消失,而增长效应不但不会消失,而且会维持或增大。

(2)农村基础设施技术效率是一个内生变量,它本身也是多种因素综合作用的结果。以灌溉系统为例,由于非集体产权制度相对于集体产权制度更有利于地下水灌溉系统技术效率的提高,因而政府应该积极运用合理的水利财政和信贷等政策来引导与鼓励地下水灌溉系统非集体产权制度的创新,以提高灌溉系统的技术效率。在产权制度一定的情况下,不同的治理结构对于灌溉系统技术效率的含义是不同的。政府应该在诱导灌溉系统产权制度创新的同时,通过技术培训、示范等机制,积极引导和鼓励农民合理安排灌溉系统内部各个相关利益者之间的关系框架,明确系统的目标、原则、决策方法、剩余决策权和剩余索取权等的各项规定,优化系统的治理结构,从而提高系统的技术效率。

(3)对实证结果进行分析,发现不同区域之间的效率差异是比较显著的,并且从中可以发现以下规律:东部地区与中西部地区相比,东部地区的效率值较高,尤其是技术效率。这体现了在我国现阶段东部地区经济发展优势和规模优势对效率的影响,而第 4 章的东部地区多处于规模收益不变的阶段、中西部地区多处于规模收益递增阶段也从另一方面印证了这一观点。

既然农村基础设施投资是向社会提供农村基础设施产品,那么农村基础设施投资效率就应满足:从宏观层面上,农村基础设施投资规模要有利于实现农村基础设施产品供给总量优化,具体体现为农村基础设施投资要有利于资源宏观配置的优化和经济的稳定增长;从中观层面上,体现为农村基础设施投资的结构要与社会成员对农村基础设施产品的需求结构相适应,并在不同地区或(东中西部)项目之间进行合理配置;从微观层面上,具体体现为各个地区路、水、电等经济类农村基础设施投资结构、投资比例的合理布局。

(4)对于计算结果需要说明的是,基础设施投资具有产出滞后的效应,即基础设施投资对经济的贡献有相当一部分是投资当年无法实现的,同时当年贡献由于突发经济环境变化及政策影响可能会使得某一年份的 Malmquist 生产率指数数据异常。此外,计算结果可能出现技术上的倒退,但是这种倒退在经济学上难以解释,因此许多文献在使用 Malmquist 生产率指数方法时,为了防止技术退步,在估计 $t+1$ 期的技术边界时,把第 t 期最佳决策单元的技术放在了线性规划的约束条件中。但是这种做法会夸大技术进步对投资效率提高的作用,相应地,技术效率对投资效率的作用也会被低估,不利于反映真实情况。因此,本研究未做防止技术退步现象出现的限制,某个时段某些 DMU 可能会出现技术退步的现象,但这并不影响对其农村基础设施投资效率内在推动力的研究。

5.5 本章小结

本章在全面阐述全要素生产率的基础上,采用 Malmquist 生产率指数和 DEAP 2.1 统计分析软件,运用 1991 ~ 2007 年 29 个省(市、区)决策单元的面板数据,系统研究了年度以及决策单元的投资效率变化(*MPI*)情况及其组分变化趋势,主要包括技术效率变化(*TE*)、技术进步变化(*TP*)、纯技术效率变化(*PTE*)和规模效率变化(*SE*)等内容,动态研究了农村基础设施投资效率变化的内在推动力。

第 6 章　提升农村基础设施投资效率政策建议

本章立足于前面章节的农村基础设施投资总量分析、结构分析和效率评价等研究内容，针对农村基础设施投资总量不足、投资效率低下和投资管理体制等问题，提出了切实可行的政策建议，以期建立高效的农村基础设施投资体制，使得有限资金能够尽可能大地发挥其效应，在提高农民生活水平的同时推动农村经济更大跨度的发展。

6.1　加大农村基础设施投资力度

建设社会主义新农村，实现城乡协调发展，要求基础设施投资的重点逐步转向农村，尤其是西部地区，转向与农民生产生活更直接相关的基础设施上来。为此，必须加大农村基础设施投资力度。

6.1.1　改革农村财政管理体制

按“工业反哺农业、城市支持农村”的基本思路，强化地方政府的投资主体地位，延伸政府对农村基础设施投资的范围和领域。按照公共财政的基本要求，构建城乡协调平衡、公平合理的基础设施财政供给新体制。具体建议和措施包括：

(1)依法细化各级政府的事权和财权，实现全国各地基本公共服务的均等化。推动对宪法及相关法律的修订，进一步明确和细化中央、省(直辖市、自治区)、县三级政府的事权和财权，合理划分全国性、区域性和地方性农村基础设施的界线并由相应层级的政府提供。

(2)完善农村预算管理体系。与以建立公共财政为目标的财政体制改革相衔接，对财政预算内外资金实行统一管理。中央和地方各级政府都要增加对农村基础设施建设的投入，依法安排并落实对农村基础设施建设的预算支出。特别是地方政府应将农村基础设施投资建设纳入地方财政预算,确保财政资金对农村基础设施的优先供应和稳定增长。

(3)完善纵向和横向转移支付制度。中央应加大对地方财政转移支付的力度,特别是根据基础教育、基础医疗、基本养老保障等需求向农村尤其是落后地区的农村加大转移支付的力度;同时,在科学测算基础上,从经济发达、财力充裕的地区提取部分财力,横向转移到欠发达地区的农村基础设施投资建设,以期改变中国农村基础设施建设地区间不均衡的状况。

中央政府和地方政府应在明确界定各自事权的条件下,有重点、有步骤、有组织地加强农村基础设施建设。政府应适时建立农业发展基金,完善水利、林业和扶贫等专业基金制度,调整支农补贴投入结构,着力解决影响农业整体效益提高的薄弱环节,重点加强有利于农业经济结构战略性调整和农民增收项目投资的倾斜力度,如节水农业、种子工程、产业化示范和特色农产品产业带等。

6.1.2　构建多元化的投融资体制

政府应当加大对农村基础设施投资的力度,充分尊重农村居民意愿,吸引民间资金投向农村基础设施领域,逐步形成以国家投资为引导、地方投资为主体、农民集资投劳相结合、信贷外资等各类资金为补充的多渠道和多元化的投资格局。

6.1.2.1　创建新型农村基础设施投资建设模式

按照公共产品特点,明确产权主体,对农村基础设施进行分类。一般而言,属于纯公共产品和部分准公共产品范畴的农村基础设施,如大江大河治理、环境保护、跨乡镇道路、中小学校舍、公共卫生和防洪排涝等农村基础设施,应以政府财政投资为主导;农民愿意承担一定成本的主要是收益或成本不溢出社区的农村基础设施,主要包括乡村道路、村容村貌整治、村文化站和垃圾处理场建设等,这里国家财政只起引导作用,地方政府和农民是投资主体;对于某些俱乐部产品性质的准公共产品,如农村电网、自来水、农村医疗、农业机械设备等则可以采取市场手段，吸收各种社会资本参与投资，政府负责监督管理。

图6-1构建了农村基础设施建设创新机制。该机制严格按照“谁投资、谁受益、谁管理”的要求，最大限度地调动企业和社会闲散资本投资农业基础设施建设的积极性。将适于推向市场的农村基础设施，按照市场运作机制进行有效运营；建立农村基础设施建设的甲方单位，明确投资方职责，保障投资方的权益；建立农村基础设施建设的开发企业，确保基础设施建设过程全部纳入基础设施建设市场体系。

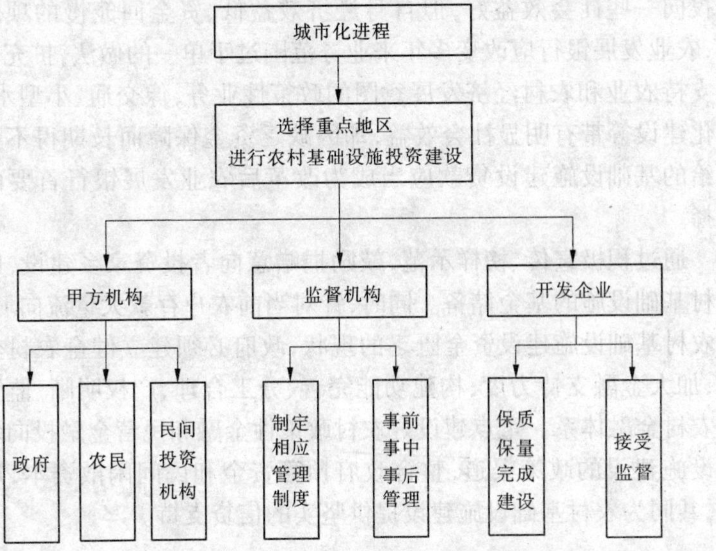

图6-1 农村基础设施建设创新机制

具体操作上，政府必须积极鼓励和重点扶持部分受益主体明确、可经营性强、个体管理效率高的小规模基础设施建设。同时，有意识地引进市场机制，建立多元化的投融资机制。其中大型公益性农村基础设施建设项目除可采取“建设—经营—转让(BOT)”、“转让—经营—转让(TOT)”等国际通行的模式外，还可以采取收费权抵押等方式；一些具备条件的基础设施项目，还可采取承包、租赁、转让、拍卖等方式，向民间资本和国际资本开放；民间资本和国际资本投资农村交通、电力、水利、邮电、广播等领域的，将通过提供特许经营、市场保障等优惠条件,来帮助民营企业进行项目融资,降低项目的投资风险;同时,支持投资主体发行债券,通过有实力的投资企业集团发行债券,筹集农村基础设施建设资金。政府对私营企业和外国资本投资兴办的农村基础设施项目,将从宏观上加强指导,在政策上给予扶持。

6.1.2.2 改革农业发展银行业务范围,建立健全农村金融体系

改革农业发展银行的业务范围,充分发挥政策性银行对农村基础设施的支持作用。从政策性金融机构的功能看,农业发展银行贷款主要投向一些社会效益好,但自身经济效益低、资金回笼慢的项目。因此,农业发展银行应改变多年来业务范围过于单一的做法,扩充体现国家支持农业和农村经济发展意图的政策性业务,像交通、小型水利、信息化建设等带有明显社会效益,却因缺乏资金保障而长期得不到有效供给的基础设施建设贷款应当成为改革后农业发展银行首要的业务选择。

通过积极宣传、榜样示范,鼓励捐赠意向者投资家乡建设,以夯实农村基础设施的基金储备。同时,针对当前农户存款大量流向城市,导致农村基础设施建设资金匮乏的现状,政府必须建立健全农村金融体系,加大金融支持力度,构建功能完善、分工合理、产权明晰、监管有力的农村金融体系。重点建设好农村政策性金融和民营金融投向农村基础设施建设的政策渠道,整合政府预算资金和民间闲散资本,形成合力,共同为农村基础设施建设提供坚实的信贷支持。

6.1.3 完善相关政策法规

一方面,制定相关政策法规,改变民间资本投资领域的限制,除关系国计民生的非营利性农村基础设施外,其余方面允许民间资本进入,扫除相关制度障碍。另一方面,由于大部分农村基础设施投资赢利水平较低,且具有一定公益性质,为了提高农村基础设施投资对社会资本的吸引力,需要充分发挥政府政策的支持和导向作用,通过税收优惠、专项财政补贴、财政贴息和以奖代补(拨)等政策措施鼓励各种社会资本和农民个人出资共同推进社会主义新农村的基础设施建设。

总之,按照基础设施向农村延伸的要求,加大公共财政对农村基础

设施建设的支持力度,逐步建立稳定增长的资金投入机制。要搞好项目储备,做好前期工作,积极争取国家支持。整合各部门农村基础设施建设资金,打捆使用,集中支持,取得规模经济效益。制定优惠政策,调整补贴项目和方式,吸引更多的社会资本投入农村基础设施建设。通过"一事一议",把加大政府投入与增加农民劳动积累结合起来,实行多筹多补、先干后补、以奖代补等政策,组织引导农民尽可能增加劳动积累。

6.2　合理确定农村基础设施投资重点

6.2.1　优化投资结构

由于基础设施的种类较多、建设周期长、投入资金大,而受要素和资源的制约,不可能同时发展农村所有的基础设施,故应设定其重要次序,在充分考虑各地的资源条件、区位条件、人口数量以及社会经济发展条件等因素的基础上,合理配置农村基础设施。如在贫困地区,要重点投资道路、农田水利设施等生存型设施;在解决了温饱正逐步迈向小康的地区,就要注重加强医疗、卫生、保健等公益性基础设施建设;而在实现了小康的富裕农村地区,则要侧重于文化娱乐设施和自我价值实现条件等提高型设施的建设。现阶段中国正处于农村全面建设小康加速推进的关键时期,所以就整体而言,我们应重点投资乡村道路、农村给排水设施和电力设施等经济性基础设施建设,同时也应加大医疗、保健、文化等社会性公益设施的投入比例。

6.2.2　完善地区投资策略

东中西部农村建设起点有高低,进程有快慢,特色也不同,农村基础设施投资策略必须坚持从实际出发。①东部地区和大中城市郊区应按照率先基本实现农业现代化的要求,着力在推进现代农业建设、完善公共服务设施、加大村容整治力度、加快农村社会事业发展等方面下工夫;②中部地区应把加强农田水利建设、提高农业综合生产能力、改善农民生产生活条件、发展壮大县域经济放到重要位置,同时协调推进其他各项建设;③西部地区应把工作的着力点放在改善基本生产生活条件、发展特色农业、提高农民素质、加快脱贫致富步伐、加强生态建设和保护等方面。

同时,加大对西部的投入,寻求公共投资公平与效率的统一。政府在宏观调控、制定相关政策时注重对西部地区基础设施的倾斜投资。一方面,可利用目前实施西部大开发战略有利时机,加大中央财政对西部农村基础设施投资的力度;另一方面,可加大东部经济发达省份对中、西部贫困省份的横向转移支付力度。

总之,在实际工作中应集中力量建设农村基础设施瓶颈行业。每个经济发展阶段都需要与之相配套的基础设施,各地农村应分析自身当前所处的阶段,制定适合自身经济和社会发展的基础设施建设规划,确定建设重点,集中财力建设,优先保障发展制约经济社会发展的基础设施瓶颈行业,提高基础设施的产出效率。

6.3 改善农村基础设施投资决策方式

6.3.1 明确农村基础设施投资的整体策略

农村基础设施投资决策往往不仅指对于某一个项目的决策,许多项目之间是互相关联的,而且与经济、社会其他领域有密切的关系。因而,要明确农村基础设施投资的整体策略,包括基础设施的总体投资水平、基础设施系统内部各专业的投资比例与变化特征、在投资中采用什么样的市场导向政策以及为保证策略实施需要配套的措施,这些也都是基础设施投资策略中的基本问题。在实际工作中,注重通过采用新的方针政策、适应新的经济体制、采用新的决策方法和改善生产要素的合理配置等来提升农村基础设施投资的管理组织水平。

基础设施方面的根本问题是基础设施建设资本的形成问题,基于基础设施自身所固有的特点,在其建设资本形成过程中政府的适度干预以及如何给予财政资助,提供政策性融资以及其他优惠政策,就成为研究基础设施建设和国民经济关系的理论的主要内容。我国经济快速发展的两个最基本的约束条件是发展资金不足和经济基础薄弱。因此,我国在向现代化国家迈进的过程中,面临的现实问题是如何促进资本形成并使之在基础设施与加工产业之间合理分配,不同的资本形成机制和资本在基础设施与加工产业之间的不同配置会形成不同的基础设施建设战略。在农村基础设施的投资建设中,应该结合农村地区经济发展的特点选择农村基础设施投资战略。应在不同时期、不同地区或者依据不同的投资能力,慎重选择投资策略。

6.3.2 创建农民需求偏好表达机制

为了确保农村基础设施供给与需求的一致,根除自上而下的供给决策失败造成的有限投入的损失,首先,应定期召开村民大会,如实反映农村居民对农业基础设施的需求。即在村民委员会和乡(镇)人民代表大会的基础上,由全体农民或农民代表对本辖区内的基础设施供给进行投票表决,使一个村或一个乡(镇)范围内多数居民对基础设施的需求偏好得以显示。其次,建立专家听证制度,对于较大型的农村基础设施供给,在乡(镇)人民代表大会决策过程中要举行专家听证会,在此基础上再由乡(镇)人民代表大会投票决定。再次,通过完善"一事一议"、项目申请公示等政策措施充分尊重农民对基础设施投资项目的知情权、参与权、管理权和监督权,围绕农民的需求进行项目规划与建设。最后,进一步完善自上而下的供给决策程序,建立行之有效的监督约束和评价机制,引导村民积极参与民主决策,努力防止当地政府官员的"寻租"行为。

6.3.3 建立投资绩效评价制度

根据我国的实际情况,农村基础设施投资绩效评价指标体系的建立必须遵循短期效益与长期效益相结合、定量与定性相结合、统一与专门指标相结合的原则。在实际操作中,不仅仅是建立一个农村基础设施投资后评价的指标体系,而是对农村基础设施投资的决策、执行、效果进行全面评价,并且在制度上建立奖惩办法,构建公共投资过程中的激励约束机制。

农村基础设施投资绩效评价应该贯穿投资的全过程，评价的过程也应该是激励约束农村基础设施投资的过程。绩效评价制度应该使绩效评价和奖惩制度挂钩，首先要确定绩效评价的目标；其次要确定评价指标体系，尽量以量化指标评价基础设施投资的每一个阶段的效果；再次要确立评价标准，使评价指标的结果有据可依；最后进行结果评价，并依据评价结果进行激励约束。

地方政府应强化社会管理和公共服务职能，以发展社会事业和解决民生问题为重点，逐步形成惠及全民的基础设施供给体系。基于这种政府职能定位，需要更新政府官员绩效评价机制，放弃以往一味注重官员在职期间的 GDP 增长等经济硬指标，而是倾向于评价政府在农村基础设施投资建设运营管理项目上的成效，从而实现地方政府由管制型向公共服务型的转型。

6.4 创建高效的投资运营管理体制

农村基础设施项目建成后就要进行交接过渡，即在项目验收、收尾的基础上，确保项目最终成果交到使用者手中时，使项目使用者正确地使用、维护、改造或扩大，并取得预期的效益。项目交接的目的是确保项目的最终成果使用者能有效地使用，实现项目的本来目的，做到农村基础设施项目的可持续发展。

6.4.1 完善农村基础设施运营管理体制

积极探索和完善经营管理体制是有效提升农村基础设施投资效率的有效途径，主要包括：①非经营性和非竞争性基础设施可以由政府无偿提供，但也要明晰项目产权，落实管护责任。一方面，注重提高资金的利用效率，可以设立一套有效的指标体系，评估各地财政资金的利用效率，并以此作为该地区下一步投入的依据；另一方面，重视基础设施的后续管理，可以对容易管护和维修的农村基础设施实施有偿承包，由承包人定期对管护的农村基础设施进行维修，村委会按照目标责任管理合同书的规定，定期支付其劳动报酬。②对一些具有较强经营性或竞争性的农村基础设施，可以引入竞争机制，将经营管理权甚至产权明晰、量化到自然人或法人，有偿使用，以使用收费机制为基础设施建设筹资，使其滚动发展，实现效率、公平和环保的三重目的。③对于小型基础设施，则鼓励采取承包、租赁、拍卖、转让等形式，明确管护责任。

6.4.2　建立健全农村基础设施管理机构

加强农村基础设施管理机构的管理，逐步改革现有的多部门管理体制。强化建设部门在农村基础设施投资管理中的主导地位，使农村基础设施利用政府资金的投资管理权相对集中，形成专业化的农村基础设施管理机构，并且合理设置农村基础设施管理部门的组织结构，逐步健全并完善农村基础设施管理部门的管理职能；建立信息的公开化和透明化机制，改革当前农村基础设施资金管理方式，增加投资项目决策、实施过程的透明度，减少决策失误和人为因素的影响，使投资决策程序化、公开化和规范化，提高资金投入的使用效率。

各行业主管部门要加强管理，严格履行项目管理职能，对项目的立项、选择、实施、竣工、后续管理（运营维护）等整个资金运行过程，都要按照规范的项目法人制、招投标制、工程监理制、合同管理制来运作，实现农村基础设施资金管理的制度化、程序化、规范化，提高资金使用透明度，降低支出成本，使每个项目都成为高标准的惠农工程。财政部门作为农村基础设施资金的管理部门，要委托审计部门严格控制资金运行整个流程，充分发挥监管职能，并通过项目单位内部监督、审计监督和财政监督相结合，日常监管和专项检查相结合，做好事前、事中、事后的监督检查，一旦发现截留挪用问题，就按照政策法规的规定严肃处理。

6.4.3　更新农村基础设施投资运营管理理念

实践证明，企业竞争是提高效率的先决条件之一。由于农村基础设施的建设水平还比较低，基础设施提供的产品和服务经常处在供不应求的状态，对于具有准公共产品的农村基础设施，可考虑吸引政府以外的各种企业和组织参与农村基础设施的生产经营活动,使它们与政府相关经营企业一起在竞争中生存,这是农村基础设施运营体制创新的重要内容。摒弃计划经济体制下的封闭和保守意识,进行思想观念的创新,在满足农村基础设施运营中多样化的需求的前提下,充分重视基础设施的企业性运营性质,树立基础设施的市场化运营观念,使人们(尤其政府官员)转变公共设施“福利型”、“供给制”的观念。

6.5 推进科技创新和注重环保

6.5.1 加快科技创新和技术进步

以科技创新和技术进步推进农村基础设施建设效率。科技创新和技术进步不仅能提高农村基础设施的投资效率,合理减少投入,最大程度地节约投资,而且新技术的应用将有可能使项目建成后的使用成本进一步降低,减少浪费,保护环境和提高资源的利用效率。

为了提高农村基础设施投资管理水平,加强基础性工作,提高决策的科学性,可在经济相对发达的地区构建农村基础设施地理信息系统,建立以准确可靠数据为基础的数字化管理机制,为新农村建设提供服务。

可以考虑的模式是:农村基础设施地理信息系统涵盖农村道路、安全饮水管线、下水管线、垃圾收运、农业文化体育设施等农村基础设施相关信息的数据库。系统通过控制农村道路、安全饮水管线、下水管线等不同的图层,实现图像显示、地图定位、地理测量、查询打印等多种功能,做到实时数据、空间数据、非空间数据的存储、检索、处理和各种数据库的维护与更新,实现基础工作的全面、准确、及时、有效。

6.5.2 注重环保

积极推进污染少的、环保的基础设施项目建设。基础设施建设首先要有一个合理规划,避免基础设施重复建设而浪费有限的资金和土地资源,同时尽量少建、不建对环境影响较大的基础设施,用环保的基础设施代替对环境污染严重的基础设施，减少项目建成后的治理和维护，不仅提高长期的投资效率，而且有利于农村的可持续发展。在实际工作中，借鉴城市基础设施投资运营管理和农村基础设施投资效率较高的标杆省市（如前文所提到的海南和北京）的经验，实现经济效益、社会效益和环境效益协调发展，走可持续发展的新农村建设道路。

综上所述，农村基础设施具有投资规模大、建设周期长、对农村经济影响大、与人们生活密切相关等特征。所以，对其投资建设的结构比例、投资规模的战略选择要十分慎重，而且要安排好基础设施建设资金来源，从长远来看要有稳定的资金来源和投入。在此基础上还要采用科学的投资决策及先进的建设技术和管理方法，努力提高农村基础设施投资效率，实现农村基础设施的可持续发展。既要协调农村基础设施中的硬件项目如水、电、路与软件项目如文化、教育、卫生之间的比例关系，又要协调农村基础设施和城市基础设施投资项目建设的关系，同时还不能忽视公益性环境治理方面的农村基础设施投资。农村基础设施的投资、建设和运营，要结合市场化改革，建立地区性基础设施的共建共享机制。坚持利益均享、投资共担原则，调动各方面的积极性，多层次、多渠道、多形式地搞好农村基础设施建设，积极寻求多元化投资机制，引导产业、人口和生产要素合理聚集。要利用市场机制，推动农村基础设施建设与运营的产业化，形成投资、建设、回收的良性循环局面。加强不同层次基础设施之间的协调，促进区域性基础设施的完善及其与农村内部设施的衔接，最大限度地提高农村基础设施的利用率和规模经济效益。

6.6　本章小结

本章针对农村基础设施投资总量不足、投资效率低下和投资管理体制等问题，提出了切实可行的政策建议：加大农村基础设施投资力度；合理确定农村基础设施投资重点；改善农村基础设施投资决策方式；创建高效的投资运营管理体制；推进科技创新，注重环保，进行可持续发展的新农村建设等。

附　录

农村基础设施投资情况见附表1（资料来源：1990～2004年《村镇建设统计资料》（2003年未编制），《村镇建设统计年报（2005）》，《中国城乡建设统计年鉴（2006）》，《城市、县城和村镇建设统计年报（2007）》，《中国统计年鉴（2008）》）。

附表1　1990～2007年农村基础设施投资　（单位：亿元）

年份	农村基础设施	自来水建设	道路建设	水电建设
1990	54.15	13.59	38.39	34.8848
1991	53.02	15.2	34.26	47.6529
1992	71.19	18.44	49.37	59.4081
1993	126.18	24.38	95.12	79.2747
1994	159.81	33.61	113.06	102.0937
1995	229.8	41.98	172.33	132.1689
1996	248.2	42.4	186.14	144.2828
1997	289.82	49.65	211.21	145.2004
1998	317.24	52.05	225.38	158.5787
1999	347.56	55.46	241.04	183.3853
2000	359.45	54.97	241.13	222.0993
2001	413.26	56.18	316.39	213.3741
2002	672.03	241.35	356.94	239.3195
2003	—	—	—	300.6249
2004	828	318	427	376.2995
2005	910.4	118.69	732.5	434.3826
2006	1146.31	174.1	581.08	460.4296
2007	1319.97	177.3	606.3	511.7926

1990～2007年29个省(市、区)农村基础设施投资情况见附表2、附表3和附表4(资料来源:1990～2004年《村镇建设统计资料》(2003年未编制),《村镇建设统计年报(2005)》,《中国城乡建设统计年鉴(2006)》,《城市、县城和村镇建设统计年报(2007)》)。

附表2 1990～1995年29个省(市、区)农村基础设施投资

(单位:万元)

省(市、区)	1990年	1991年	1992年	1993年	1994年	1995年
北京	11588	16517	14705	17153	9957	12134
天津	2627	2165	6439	2873	3764	6880
河北	16153	17303	13250	16440	21807	50971
山西	6832	3733	16986	21644	7256	16771
内蒙古	4182	3429	2780	1896	2722	2928
辽宁	21856	22204	32491	25572	47668	40088
吉林	7590	5968	11065	6849	7869	10747
黑龙江	14347	12662	12482	12892	19911	49969
上海	19572	20682	26486	64517	74754	64247
江苏	55224	57645	103089	123026	220458	326307
浙江	45185	44440	44507	63596	104644	152298
安徽	11000	9910	10617	12997	14671	24115
福建	17513	15613	21730	40759	106064	131301
江西	5398	3624	6064	16565	18850	20385
山东	52095	76283	111897	124402	223729	257081
河南	20278	21242	16263	54231	80925	105177
湖北	20241	22073	21168	24376	43348	63019
湖南	11971	12421	16385	18577	32410	54089
广东	136607	106325	161252	540078	407068	510255
广西	6988	6251	5630	9842	20086	37524
海南	1477	1440	12745	22504	3501	9759
四川	24717	20416	29707	41547	74658	112243
贵州	2237	2680	5381	6332	2482	6987
云南	4986	8056	9899	9951	25387	25057
陕西	12134	8077	6272	6724	12174	19391
甘肃	3719	3206	2445	3262	5447	8878
青海	599	908	713	967	1442	4740
宁夏	1403	922	2617	1845	1863	3914
新疆	2806	4040	3205	2225	2198	9426

附表 3　1996 ~ 2001 年 29 个省（市、区）农村基础设施投资

（单位：万元）

省（市、区）	1996 年	1997 年	1998 年	1999 年	2000 年	2001 年
北京	6299	1953	11469	14101	47783	71221
天津	13371	15022	15245	20073	20365	34049
河北	76876	111706	79706	68780	93971	95773
山西	34765	108923	76405	31623	38667	90582
内蒙古	8412	22501	25552	78716	43090	44087
辽宁	44759	54763	57788	95128	105140	122478
吉林	17800	22024	18823	32627	42170	67583
黑龙江	80975	157991	176733	186753	143788	144391
上海	68769	135649	147892	177452	108847	213116
江苏	347361	350770	409596	406157	430619	614137
浙江	259646	246711	291122	368016	416630	458163
安徽	61354	74430	101520	106467	147934	134218
福建	141943	184664	131815	170054	161398	130308
江西	27762	29566	34758	81829	76622	60313
山东	266027	301505	327414	371938	339321	332646
河南	106325	121005	119075	124957	155079	165401
湖北	61435	79025	114743	114365	108029	109214
湖南	81811	94691	101957	123363	120275	165436
广东	438311	357776	363685	371549	393890	346411
广西	39484	36989	67406	54178	43738	56175
海南	6493	5009	7427	26749	21837	12954
四川	169165	211694	284450	260126	297225	399727
贵州	9412	17102	14846	22331	38767	43463
云南	47989	62656	67423	71778	90192	92834
陕西	20714	25850	50179	42012	50169	55274
甘肃	17800	12968	18674	12124	20305	30980
青海	2907	3355	6264	6208	6181	7545
宁夏	14162	15852	34396	26059	13323	9187
新疆	20426	30069	16960	12051	19170	24968

附表4　2002～2007年29个省(市、区)农村基础设施投资

(单位:万元)

省(市、区)	2002年	2003年	2004年	2005年	2006年	2007年
北京	75421	84330	93239	215887	376579	631986
天津	28330	89316	150301	99228	154329	212692
河北	110611	188219	265827	230441	437022	308885
山西	153235	124436	95636	101143	335532	371646
内蒙古	55728	56289	56850	112083	225535	123381
辽宁	147230	205904	264577	193486	259230	312974
吉林	47690	123432	199174	212838	177097	190087
黑龙江	151408	156248	161088	162657	223014	360354
上海	219591	455076	690560	479815	515477	579980
江苏	889660	1310020	1730379	1520032	1266398	1421495
浙江	484608	647239	809869	830957	1143768	1380034
安徽	126841	157779	188717	220470	501517	811099
福建	134820	188964	243108	290909	317015	374236
江西	63624	101825	140025	160223	301695	373087
山东	460001	673075	886148	1183115	1365798	1298310
河南	1869695	1036167	202639	363775	217880	437465
湖北	99637	121218	142799	186275	369671	437169
湖南	207284	274534	341784	354939	740834	624790
广东	494659	543785	592910	750821	634984	803520
广西	46997	57008	67018	76031	122216	186076
海南	14821	20144	25466	41218	50197	50347
四川	489308	492727	496146	841508	775680	702703
贵州	42202	66907	91611	88258	124519	139939
云南	103708	100649	97589	132349	225192	348243
陕西	61373	79504	97635	81120	211782	272199
甘肃	42363	43676	44989	64891	187773	190077
青海	30953	29960	28966	15647	28409	48271
宁夏	29404	27190	24975	27103	29355	51488
新疆	39058	41501	43944	65064	115705	131049

1990~2007年29个省(市、区)农作物播种面积见附表5、附表6和附表7(资料来源:历年《中国统计年鉴》)。

附表5 1990~1995年农作物播种面积 (单位:$\times 10^3 hm^2$)

省(市、区)	1990年	1991年	1992年	1993年	1994年	1995年
北京	590.3	590.2	585.3	565.3	551	553
天津	573.2	581.5	573.6	566	555	573
辽宁	3618.7	3638.1	3633	3630	3624	3624
上海	631.3	626.1	601.7	558	537	542
江苏	8259.3	8091.7	8234.8	8032	7856	7909
浙江	4384.7	4379.7	4275.2	3926	3802	3923
福建	2746.0	2826.9	2881	2733	2801	2835
山东	10882.7	10997.0	10837.5	10744	10876	10837
广东	5671.3	5659.4	5487.2	5446	5205	5304
海南	821.3	829.5	868.3	884	844	870
河北	8786.7	8814.8	8570.5	8676	8649	8720
山西	4016.7	3970.7	3982.4	3999	4007	3896
内蒙古	4722.7	4767.5	4854.4	4868	4925	5079
吉林	4039.3	4065.9	4048.7	4051	4060	4060
黑龙江	8558.7	8614.9	8479.4	8647	8670	8647
安徽	8313.3	8195.6	8155.1	8265	8264	8354
江西	5758.0	5829.7	5844.9	5721	5753	5951
河南	11890.7	12001.9	11936.3	12068	12088	12137
湖北	7361.3	7423.9	7186.8	7126	7181	7414
湖南	7952.0	8040.2	7960.8	7654	7731	7840
广西	5141.3	5327.3	5373.8	5385	5516	5746
四川	12475.3	12740.2	12752.1	12664.0	12636.0	12838.0
贵州	3578.7	3807.6	3906.1	3972	4056	4203
云南	4492.0	4600.3	4708.1	4770	4848	4959
陕西	4860.0	4881.6	4884	4790	4806	4497
甘肃	3611.3	3587.0	3661.6	3639	3709	3773
青海	544.7	543.5	546.6	548.2	562	569
宁夏	888.7	901.4	895	905	918	956
新疆	2979.3	3036.1	3067.9	2992.7	2994	3050

附表6　1996～2001年农作物播种面积　（单位：$\times 10^3 hm^2$）

省(市、区)	1996年	1997年	1998年	1999年	2000年	2001年
北京	538	536	535	527.1	457.3	386.4
天津	574	569	578	562.9	533.1	544.5
辽宁	3628	3627	3630	3640.1	3622	3964.8
上海	546	552	556	551.7	520.7	490.9
江苏	7914	7967	8058	8023.4	7944.9	7777.4
浙江	3964	3944	3920	3899.5	3554.3	3245.9
福建	2901	2944	2919	2915.4	2793.3	2713.1
山东	10976	10983	11138	11236.5	11147.3	11266.1
广东	5438	5512	5540	5262.8	5156.9	5193.1
海南	891	915	938	931.8	906	871.7
河北	8872	8857	9098	9055.2	9024.4	8990.8
山西	3947	3825	4038	3970.8	4042.4	3672.3
内蒙古	5291	5838	6027	6077	5914.4	5707.3
吉林	4063	4067	4062	4064.3	4542.2	4890.1
黑龙江	8884	9031	9194	9261.5	9329.5	9989.2
安徽	8362	8489	8564	8582.1	9005.8	8733.1
江西	6015	6038	5804	5871	5650.8	5534.7
河南	12257	12277	12567	12659.9	13136.9	13127.7
湖北	7579	7739	7696	7788.7	7584.1	7489
湖南	7927	8009	7936	8027.7	8002.1	7931.7
广西	6011	6203	6293	6289.4	6260.7	6288.1
四川	12987.0	13103.0	13329.0	13330.2	13199.9	13127.4
贵州	4323	4493	4514	4612.5	4696.7	4650.7
云南	5105	5225	5226	5484.2	5786	5929.6
陕西	4777	4504	4697	4726.3	4555.4	4331.9
甘肃	3764	3758	3768	3808.6	3740.2	3688.9
青海	564	568	567	571	553.7	529
宁夏	978	978	1005	1031.1	1016.5	1007.6
新疆	3081	3191	3279	3379.9	3391.6	3404.1

附表 7 2002～2007 年农作物播种面积 （单位：$\times 10^3 hm^2$）

省(市、区)	2002 年	2003 年	2004 年	2005 年	2006 年	2007 年
北 京	342	308.8	312.5	318.0	329.6	295.01
天 津	522.8	501.5	504.3	499.4	513.9	433.95
辽 宁	3809.2	3719.1	3723.3	3796.7	3766.8	3703.883
上 海	476.7	419.2	404.4	403.6	401.4	390.66
江 苏	7797.9	7681.5	7669	7641.2	7608.8	7407.73
浙 江	3064.5	2834.4	2778.4	2837.9	2848.4	2462.817
福 建	2661.3	2518.9	2519.3	2481.3	2434.5	2191.18
山 东	11047.8	10885.3	10638.6	10736.1	10727.9	10724.4
广 东	4932.4	4883.4	4808	4815.4	4838.4	4363.053
海 南	863.3	906.7	826.9	778.1	821.2	754.32
河 北	8935.1	8638.5	8695.4	8785.5	8777.3	8652.702
山 西	3900.5	3708	3741.5	3795.4	3822.9	3653.154
内蒙古	5887	5752.8	5924	6215.7	6297.2	6761.475
吉 林	4687.7	4716.8	4904	4954.1	4984.6	4943.988
黑龙江	9858.4	9802.7	9888.4	10083.7	10467.9	11898.48
安 徽	8997.6	9124.7	9200.4	9172.5	9145.1	8853.9
江 西	5355.1	4997.4	5182.8	5251.4	5363.3	5245.127
河 南	13359.8	13684.4	13789.7	13922.7	14185.6	14087.84
湖 北	7355	7138.3	7155.9	7279.4	7350.3	7030.01
湖 南	7789.9	7731.2	7886.2	7977.6	8074.0	7390.708
广 西	6299.9	6279.1	6368.2	6489.2	6460.2	5594.404
四 川	13031.7	12750.3	12822.8	12924.9	13142.3	12916.1
贵 州	4654.4	4634.2	4695	4804.1	4855.0	4464.526
云 南	5813.1	5756	5890	6053.8	6144.7	5801.857
陕 西	4198.3	4055.8	4099.8	4201.8	4247.9	4044.744
甘 肃	3649.9	3620.9	3668.9	3726.0	3743.4	3759.002
青 海	494.3	466.8	473.3	476.7	489.8	516.6816
宁 夏	1147.9	1129.5	1158.3	1099.3	1127.2	1189.834
新 疆	3478.3	3535	3592.3	3731.2	3817.9	4202.627

1990～2007年29个省(市、区)乡村从业人员数量情况见附表8、附表9和附表10(资料来源:历年《中国统计年鉴》)。

附表8　1990～1995年乡村从业人员数量　(单位:万人)

省(市、区)	1990年	1991年	1992年	1993年	1994年	1995年
北京	90.7	90.8	84.6	77.6	73.9	71
天津	93.6	94.2	92.5	89	85.6	83
辽宁	650.4	670.9	657.2	630.9	627.8	633
上海	89.7	84.4	72.3	68.2	68.5	71
江苏	1752.2	1777.9	1730.4	1656.7	1621.2	1569
浙江	1350.6	1362.7	1352.4	1258.1	1195.7	1154
福建	787.7	830.6	839	820.1	796.7	790
山东	2523.6	2664	2644.6	2610.2	2543.3	2515
广东	1643.4	1636.3	1583.2	1497.4	1464.2	1370
海南	213.2	217.6	215	208.4	204.5	204
河北	1801.8	1862.8	1874.7	1856.6	1780.5	1729
山西	632.7	649.3	646.6	641.7	637.4	636
内蒙古	515.5	537.9	532.3	533.8	533.3	537
吉林	566.7	572.3	591.3	577.5	575.7	562
黑龙江	570.3	568.2	547.8	569	562.3	572
安徽	1913.7	1990.6	2013.1	1961.4	1922.1	1945
江西	1192.4	1209	1177.2	1088.6	1127.2	1141
河南	2837.9	2931.6	2965	2914.7	2869.3	2819
湖北	1516.2	1548.1	1512.9	1478.7	1433.4	1383
湖南	2301.1	2328.2	2287.3	2206.3	2159.5	2153
广西	1613.9	1643.2	1627.9	1593.8	1588.9	1583
四川	4255.9	4354.7	4332.1	4148	4039.6	3996
贵州	1292.3	1329.5	1359	1373.8	1364.9	1369
云南	1327.5	1579.6	1607	1630	1642.1	1656
陕西	1010	1053.9	1069.1	1060.8	1055.4	1056
甘肃	694.3	701.7	708.4	691.5	679.5	677
青海	123.8	127.2	130.6	130.9	133.7	135
宁夏	131.3	136.2	138.7	140.2	141.2	144
新疆	367.5	375.4	375.4	375.1	370.8	377

附表9 1996~2001年乡村从业人员数量 （单位：万人）

省(市、区)	1996年	1997年	1998年	1999年	2000年	2001年
北京	72	71	71.2	74.3	72.7	70.6
天津	82	81	80.9	82.6	80.9	82.2
辽宁	645	664	668.3	675.6	683.3	681.7
上海	71	77	80	93.5	88	86.6
江苏	1557	1560	1555.7	1529	1502.7	1474.6
浙江	1131	1115	1109.1	1080.1	1021	990.8
福建	788	783	787.5	789.9	778.2	768.8
山东	2488	2511	2498.9	2485.9	2473.7	2444.2
广东	1467	1528	1530.5	1550.7	1588.5	1584.2
海南	202	203	197.7	198.8	204.4	204.9
河北	1635	1634	1649.7	1653.3	1678.2	1675.4
山西	640	638	644.4	659.1	662.7	662.4
内蒙古	547	545	542.6	555.4	553.7	546.4
吉林	559	552	543.9	544.4	541.6	535.9
黑龙江	566	653	831.7	812.5	808.5	808.3
安徽	1969	1979	2007.3	2007.5	2017.9	1991.1
江西	1134	1121	1098.6	1082.6	1004.4	997.9
河南	2827	2915	2952	3310.2	3569	3482.5
湖北	1349	1318	1284.7	1259.1	1204.8	1186.4
湖南	2128	2116	2100.9	2111.5	2104.4	2079.6
广西	1599	1609	1623	1622.4	1574.5	1572.9
四川	3920	3839	3772.4	3706	3568.6	3483.7
贵州	1382	1389	1394.2	1432.9	1377.9	1373.8
云南	1666	1678	1684.4	1677.1	1695.9	1710.5
陕西	1052	1053	1055.2	1016.4	1010.2	994
甘肃	681	689	692.5	698.2	706.1	705.3
青海	140	141	141.1	146.9	145.3	155.8
宁夏	144	151	152.3	158.5	158.6	157.1
新疆	379	392	391.3	385.2	387.9	388.2

附表10　2002～2007年乡村从业人员数量　（单位：万人）

省(市、区)	2002年	2003年	2004年	2005年	2006年	2007年
北京	67.8	66.9	61.6	62.2	61.5	65.3
天津	81.5	82.3	81.6	80.5	79.3	77.9
辽宁	692.9	696.7	718	718.9	718	703.3
上海	84.2	73.7	67.3	61.1	62	53.8
江苏	1373.3	1250	1153.2	1076.7	1000	950.3
浙江	934.6	877.6	831.5	791.1	782.6	693.3
福建	765.1	745.8	732.4	702.5	700.1	648.3
山东	2381.4	2276.9	2192.5	2056.5	2001.5	1960.1
广东	1571.7	1559.6	1541.2	1548.7	1545	1546.7
海南	205.4	210.6	212.4	215.1	213	221.8
河北	1662.6	1670.1	1609.9	1562.3	1522.2	1488.7
山西	662.9	650.6	645.1	641.8	637.5	638.9
内蒙古	563.3	548.7	555.5	560.5	550	569.3
吉林	524.2	523.8	518.9	523.9	520	513.4
黑龙江	811	827.7	797.3	787.7	780.5	773.4
安徽	1945.8	1875.2	1806.7	1778.2	1749.6	1651.4
江西	1001.9	988.8	978.3	967.4	958.1	914.3
河南	3403.6	3331.9	3245.7	3138.8	2998.5	2920.3
湖北	1168.1	1144.1	1139.5	1133.9	1128.7	1071.0
湖南	2039.1	2017.1	1988	1962.0	1957	1900.5
广西	1573.4	1556.6	1531.8	1518.7	1502	1521.1
四川	3372.1	3242.9	3183.5	3109.4365	3058.6	2916.1
贵州	1359.2	1327.1	1293.6	1272.0	1263	1207.5
云南	1715.6	1709.3	1711.9	1709.2	1700	1684.7
陕西	1002.7	996.7	964.3	956.4	947.1	932.7
甘肃	747.2	769.9	772.7	770.5	768	748.2
青海	139.4	137.6	134.7	131.6	130	122.6
宁夏	155.8	150.6	148.7	145.1	140.8	141.5
新疆	391.8	397.2	403.3	407.1	400	416.3

2000～2007 年 29 个省(市、区)农村人均纯收入情况见附表 11(资料来源:历年《中国统计年鉴》)。

附表 11 2000～2007 年农村人均纯收入 (单位:元/人)

省(市、区)	2000 年	2001 年	2002 年	2003 年	2004 年	2005 年	2006 年	2007 年
北京	4604.55	5025.5	5398.48	5601.55	6170.33	7346.26	8275.47	9439.63
天津	3622.39	3947.72	4278.71	4566.01	5019.53	5579.87	6227.94	7010.06
辽宁	2355.58	2557.93	2751.34	2934.44	3307.14	3690.21	4090.4	4773.43
上海	5596.37	5870.87	6223.55	6653.92	7066.33	8247.77	9138.65	10144.62
江苏	3595.09	3784.71	3979.79	4239.26	4753.85	5276.29	5813.23	6561.01
浙江	4253.67	4582.34	4940.36	5389.04	5944.06	6659.95	7334.81	8265.15
福建	3230.49	3380.72	3538.83	3733.89	4089.38	4450.36	4834.75	5467.08
山东	2659.2	2804.51	2947.65	3150.49	3507.43	3930.55	4368.33	4985.34
广东	3654.48	3769.79	3911.9	4054.58	4365.87	4690.49	5079.78	5624.04
海南	2182.26	2226.47	2423.2	2588.06	2817.62	3004.03	3255.53	3791.37
河北	2478.86	2603.6	2685.16	2853.38	3171.06	3481.64	3801.82	4293.43
山西	1905.61	1956.05	2149.82	2299.17	2589.6	2890.66	3180.92	3665.66
内蒙古	2038.21	1973.37	2086.02	2267.65	2606.37	2988.87	3341.88	3953.1
吉林	2022.5	2182.22	2300.99	2530.41	2999.62	3263.99	3641.13	4191.34
黑龙江	2148.22	2280.28	2405.24	2508.94	3005.18	3221.27	3552.43	4132.29
安徽	1934.57	2020.04	2117.56	2127.48	2499.33	2640.96	2969.08	3556.27
江西	2135.3	2231.6	2306.45	2457.53	2786.78	3128.89	3459.53	4044.7
河南	1985.82	2097.86	2215.74	2235.68	2553.15	2870.58	3261.03	3851.6
湖北	2268.59	2352.16	2444.06	2566.76	2890.01	3099.2	3419.35	3997.48
湖南	2197.16	2299.46	2397.92	2532.87	2837.76	3117.74	3389.62	3904.2
广西	1864.51	1944.33	2012.6	2094.51	2305.22	2494.67	2770.48	3224.05
四川	1903.6	1986.99	2107.64	2229.86	2518.93	2802.78	3002.38	3546.69
贵州	1374.16	1411.73	1489.91	1564.66	1721.55	1876.96	1984.62	2373.99
云南	1478.6	1533.74	1608.64	1697.12	1864.19	2041.79	2250.46	2634.09
陕西	1443.86	1490.8	1596.25	1675.66	1866.52	2052.63	2260.19	2644.69
甘肃	1428.68	1508.61	1590.3	1673.05	1852.22	1979.88	2134.05	2328.92
青海	1490.49	1557.32	1668.94	1794.13	1957.65	2151.46	2358.37	2683.78
宁夏	1724.3	1823.05	1917.36	2043.3	2320.05	2508.89	2760.14	3180.84
新疆	1618.08	1710.44	1863.26	2106.19	2244.93	2482.15	2737.28	3182.97

2000~2007年29个省(市、区)农村GDP情况见附表12(资料来源:历年《中国统计年鉴》)。

附表12 2000~2007年农村GDP (单位:亿元)

省(市、区)	2000年	2001年	2002年	2003年	2004年	2005年	2006年	2007年
北京	89.97	93.08	98.05	95.64	92.7	97.99	109.33	115.5
天津	73.54	78.55	84	89.66	95.3	112.38	105.45	117.6
辽宁	503.44	544.44	590.2	615.8	611.3	882.41	715.11	837.5
上海	83.2	85.5	88.24	90.64	109.3	80.34	119.99	126.7
江苏	1031.17	1082.43	1119.12	1106.35	1242.4	1461.49	1389.61	1542.5
浙江	664.16	695.15	694	728	592.6	892.83	712.54	735.9
福建	640.57	651.11	664.78	692.94	525.8	841.2	628.67	685.3
山东	1268.57	1359.49	1390	1480.67	1891.7	1963.51	2221.38	2604.1
广东	1000.06	1004.35	1032.8	1093.52	960	1428.27	1261.06	1328.7
海南	196.56	201.79	228.95	248.33	170.9	300.75	214.60	224.2
河北	824.55	913.9	957.01	1064.33	1135.7	1503.07	1394.72	1639.1
山西	179.86	171.09	197.8	215.19	290.5	262.42	303.97	322.6
内蒙古	350.8	358.89	374.69	420.1	411.5	589.56	532.40	620.4
吉林	398.73	409.1	446.17	486.9	486.2	625.61	597.02	641.5
黑龙江	357	409.3	447	500.8	620.2	684.6	787.45	971.9
安徽	732.19	750.07	772.55	732.81	842	966.49	905.56	1054.0
江西	485.14	506	535.98	560	491.1	727.37	556.92	621.3
河南	1161.58	1234.34	1288.36	1239.7	1602.9	1892.01	1996.16	2254.5
湖北	662.3	692.17	707	798.35	921.6	1082.13	1018.76	1152.1
湖南	784.92	825.73	847.25	886.47	874	1274.15	1023.51	1243.2
广西	538.69	562.52	595.68	652.28	623.1	912.5	829.43	970.5
四川	945.58	981.68	1027.62	1128.61	987.7	1481.14	1075.08	1316.6
贵州	270.99	274.17	280.83	298.37	317.7	368.94	354.58	392.2
云南	436.26	450.54	470.5	502.84	516.9	669.81	630.19	683.8
陕西	279.12	287.24	303.79	320.03	413.7	435.77	531.62	629.3
甘肃	193.36	207.05	214.45	236.61	331.4	308.06	395.44	458.7
青海	38.53	42.79	44.9	46.15	34.2	65.34	38.07	49.2
宁夏	45.95	49.57	52.84	55.5	71.3	72.08	89.16	111.1
新疆	288.18	288.12	305	412.9	515	509.99	638.60	767.0

1978～2007 年三个指数情况见附表 13（资料来源：历年《中国统计年鉴》，历年《中国农村统计年鉴》）。

附表 13　1978～2007 年各个指数

年份	第一产业 GDP 指数（1978 年 = 100）	农业生产资料价格指数（1978 年 = 100）	固定资产投资价格指数（1990 年 = 100）
1978	100.0	100.00	—
1979	106.1	100.40	—
1980	104.6	101.40	—
1981	111.9	103.13	—
1982	124.8	105.09	—
1983	135.1	108.24	—
1984	152.6	117.87	—
1985	155.4	123.53	—
1986	160.5	124.89	—
1987	168.1	133.63	—
1988	172.3	155.28	—
1989	177.6	184.63	—
1990	190.7	194.78	100.0
1991	195.2	200.43	109.5
1992	204.4	207.85	126.3
1993	214.0	237.15	159.8
1994	222.6	288.38	176.5
1995	233.7	367.40	186.9
1996	245.6	398.26	194.3
1997	254.2	396.27	197.6
1998	263.1	374.47	197.3
1999	270.5	358.74	196.5
2000	277.0	355.52	198.6
2001	284.8	352.32	199.4
2002	293.0	354.08	199.8
2003	300.3	359.03	204.2
2004	319.3	397.09	215.7
2005	336.0	430.05	219.1
2006	352.8	436.50	222.4
2007	365.8	470.11	231.1

1957～2007 年国家财政支农支出情况见附表 14（资料来源：历年《中国统计年鉴》，历年《中国农村统计年鉴》，《中国农业发展报告（2007）》，《新中国五十年统计资料汇编》）。

附表 14　1957～2007 年国家财政支农支出　　（单位：亿元）

年份	支农支出	年份	支农支出	年份	支农支出
1957	23.5	1974	91.21	1991	347.57
1958	43.86	1975	98.96	1992	376.02
1959	58.23	1976	110.49	1993	440.45
1960	90.52	1977	108.12	1994	532.98
1961	54.88	1978	150.66	1995	574.93
1962	38.23	1979	174.33	1996	700.43
1963	55.6	1980	149.95	1997	766.39
1964	67.16	1981	110.21	1998	1154.76
1965	54.98	1982	120.49	1999	1085.76
1966	54.39	1983	132.87	2000	1231.54
1967	45.82	1984	141.29	2001	1456.73
1968	33.47	1985	153.62	2002	1580.76
1969	48.03	1986	184.20	2003	1754.45
1970	49.4	1987	195.72	2004	2337.63
1971	60.75	1988	214.07	2005	2450.31
1972	65.13	1989	265.94	2006	3172.97
1973	85.17	1990	307.84	2007	3404.70

参考文献

[1] 傅晋华，郑风田．研究综述:农村基础设施的经济增长效应[J]．贵州财经学院学报,2008 (5)：88－92.

[2] Solow R.．Technical change and the aggregate production function[J]．Review of Economics and Statistics,1957 (39)：312－320.

[3] Arrow K.，Kurz M.．Public Investment，the Rate of Return，and Optimal Fiscal Policy[M]．Baltimore：The John Hopkins Press，1970.

[4] Aschauer David. Is public expenditure productive[J]. Journal of Monetary Economics，1989 (23)：177－200.

[5] 范九利，白暴力，潘泉．基础设施资本对经济增长贡献的研究进展——生产函数法综述[J]．当代经济科学，2004，26(2)：87－93.

[6] Canning David，Marianne Fay，Roberto Perotti．Infrastructure and growth，in Mario Baldassarri，Luigi Paganetto，Edmund Phelps，International Differences in Growth Rates[M]．New York：Mavmillan Press，1993：373－417.

[7] Camilla Mastromarco，Ulrich Woitek. Public infrastructure investment and efficiency in Italian[J]. J Prod Anal，2006 (25)：57－58.

[8] Vijaya G. Duggala，Cynthia Saltzmana，Lawrence R. Klein. Infrastructure and productivity：an extension to private infrastructure and it productivity[J]．Journal of Econometrics,2006 (9)：1－18.

[9] 范九利，白暴力，潘泉．基础设施资本对经济增长贡献的研究文献综述[J]．上海经济研究,2004(1)：36－43.

[10] Lynde C.，Richmond J.．The role of public capital in production[J]．Review of Economics and Statistics，1992，74(1)：37－44.

[11] Douglas Holtz－Eakin，Mary E.．Scale economics，returns to variety，and the productivity of public infrastructure[J]．Regional Science and Urban Economics. 1996(26)：106－120.

[12] 张世英，樊智．协整理论与波动模型：金融时间序列分析及应用[M]．北京：清华大学出版社，2004.

[13] 张晓峒．Eviews 使用指南与案例[M]．北京：机械工业出版社，2007.

[14] Antle J.. Human Capital Infrastructure, and Productivity of India Rice Farmers [J]. Journal of Development Economics, 1984(14): 163 - 181.

[15] Ddtt G., M. Ravallion. Why Have some Indian States Performed Better than Others at Reducing Rural Poverty[J]. FCND Discussion Paper, 1997(26).

[16] J. E. Stuan. Public capital expenditure in OECD countries[M]. Edw and Elgar Publishing Limited, 1998: 29 - 51.

[17] J. B. Crihfield, M. Panggabean. Is public infrastructure productive? - a metrn-politan perspective using new capital stoc estimates[J]. Regional Science and Urban Econamics, 1999 (25): 27 - 52.

[18] Bhatia M. S.. Rural Infrastructure and growth in agriculture[J]. Economic and Political Weekly, 1999(3).

[19] Lall Somik V.. The role of public infrastructure investments in regional development - experience of Indian states[J]. Economic and Political Weekly, 1999 (3): 20 - 26.

[20] Fan Shenggen, Peter B. R. Hazell. Are returns to public investments lower in less favoured rural areas? An empirical analysis of India. EPTD Discussion Paper 43 Environment and Production Technology Division. International Food Policy Research Institute, Washington D. C., 2001.

[21] Ellis F. M. Kutengule, A. Nyasulu. Livelihoods and rural poverty reduction in Malawi[J]. World Development, 2003, 31(9): 1495 - 1510.

[22] Easterly W., L. Serven. The limits of stabilization[M]. Stanford: Stanford University Press, 2003.

[23] Briceno C., A. Estache, N. Shafik. Infraswcture services in developing countries: access, quality, coats and policy reform. the World Bank. 2004.

[24] E. C. Mamatzakis. Public infrastructure and productivity growth in Greek agriculture[J]. Agricultural Economics,2003 (29): 169 - 180.

[25] Romeo G. Teruel, Yoshimi Kurada. Public infrastructure and productivity growth in Philippine agriculture, 1974 - 2000[J]. Journal of Asian Economics, 2005 (16): 555 - 576.

[26] Xiaobo Zhang, Shenggen Fan. How Productive Is Infrastructure A New Approach And Evidence From Rural India[J]. American Journal of Agricultural Economics, 2004: 102 - 118.

[27] Jahan Selim, Robert McCleery. Making infrastructure work for the poor. United

Nations Development Programme, New York, 2005.
[28] 张晓波，樊胜根，张林秀，等. 中国农村基层治理与公共物品提供[J]. 经济学(季刊)，2003 (7)：947－960.
[29] 罗仁福，张林秀，黄季焜，等. 村民自治、农村税费改革与农村公共投资[J]. 经济学(季刊)，2006 (7)：1295－1310.
[30] 魏新亚. 中国基础设施建设投资构成的地区差异[J]. 上海经济研究，2002 (12)：20－25.
[31] 王广起，张德升. 我国农村基础设施供给机制的完善与创新[J]. 经济纵横，2006(5)：29－31.
[32] 刘家伟. 我国农村基础设施投融资模式研究[J]. 中央财经大学学报，2006 (5)：52－56.
[33] 刘峰涛. 农村公路投融资：外部性与产权市场的视角[J]. 农业经济问题，2008 (2)：69－78.
[34] 黄聪，李启明，申立根. 中国建设推动力的计量模型与分析研究[J]. 东南大学学报：自然科学版，2000，30(4)：112－118.
[35] 马树才，李华，袁国敏，等. 基础设施投资拉动经济增长测算研究[J]. 统计研究，2001(10)：30－33.
[36] 姜轶嵩，朱喜. 中国的经济增长与基础设施建设[J]. 管理论坛，2004，16 (9)：57－61.
[37] 娄洪. 长期经济增长中的公共投资政策[J]. 经济研究，2004(3)：10－19.
[38] 刘伦武. 基础设施投资对经济增长推动作用的动态计量模型与分析[J]. 数理统计与管理，2005，24(2)：60－65.
[39] 林后春. 农业基础设施的供给与需求[J]. 中国社会科学，1995 (4)：54－64.
[40] 石爱虎，霍学喜. 农业基础设施建设的经济效应分析[J]. 科学·经济·社会，1996(2)：35－38.
[41] 钱克明. 农业经济与科技发展研究[J]. 北京：中国农业出版社，2002.
[42] 樊胜根，张林秀，张晓波. 经济增长、地区差距与贫困——中国农村公共投资研究[M]. 北京：中国农业出版社，2002：118－120.
[43] 李锐. 农村公共基础设施投资效益的数量分析[J]. 农业技术经济，2003 (2)：5－9.
[44] 方芳，钱勇，柳士强. 我国农业基础设施投资的实证分析[J]. 财经研究，2004 (2)：89－96.

[45] Xiaobo Zhang, Shenggen Fan. Public investment and regional inequality in rural China[J]. Agricultural Economics, 2004 (30): 89 - 100.
[46] 刘伦武. 农业基础设施发展与农村经济增长的动态关系[J]. 财经科学, 2006 (10): 91 - 98.
[47] 孔群喜, 李敦瑞, 许贵阳. 农业基础设施投资经济增长效应实证分析[J]. 重庆工商大学学报:西部论坛, 2007, 17(6): 22 - 25.
[48] 沈坤荣, 张璟. 中国农村公共支出及其绩效分析——基于农民收入增长和城乡收入差距的经验研究[J]. 管理世界,2007 (1): 30 - 42.
[49] 杨永忠, 林明华. 农村公共产品多元主体供给的制度约束——马甲村路灯供给案例研究[J]. 中国工业经济,2008 (1): 123 - 130.
[50] 彭代彦, 吴宝新. 农村内部的收入差距与农民的生活满意度[J]. 世界经济, 2008(4): 79 - 86.
[51] 彭代彦. 农村基础设施投资与农业解困[J]. 经济学家,2002 (5): 79 - 82.
[52] 刘晓昀. 贫困地区农村基础设施投资对农户收入和支出的影响[J]. 中国农村观察,2003(1): 31 - 35.
[53] 朱国忱. 农村基础设施投资的乘数效应分析[J]. 农业与技术,2006, 26 (3): 168 - 170.
[54] 胡振虎, 傅爱民. 农村公共投资、居民消费与经济增长: 一个博弈论的分析框架[J]. 南方经济,2007 (5): 3 - 11.
[55] 张亦工, 胡振虎. 农村基础设施建设与农民增收研究: 一个农业财政资金整合的视角[J]. 山东大学学报:哲学社会科学版, 2008 (2): 90 - 97.
[56] 陈锡文, 韩俊. 中国县乡财政与农民增收问题研究[M]. 太原: 山西经济出版社, 2003.
[57] 宋洪远. 中国乡村财政与公共管理研究[M]. 北京: 中国财政经济出版社, 2004.
[58] 贾康, 孙洁. 农村公共产品与服务提供机制的研究[J]. 管理世界,2006 (12): 60 - 66.
[59] 林万龙. 中国农村公共服务供求的结构性失衡: 表现及成因[J]. 管理世界, 2007(9): 62 - 68.
[60] 徐双敏. 提高农村公共品供给效率研究——以湖北咸安乡镇站所改革为例[J]. 财政研究,2006 (5): 47 - 49.
[61] 林毅夫. 加强农村基础设施建设,启动农村市场[J]. 农业经济问题,2000 (7): 2 - 3.

[62] 林毅夫. 加强农村基础设施建设一石数鸟[J]. 新理论 · 新观点 · 新问题，2001 (19)：17.

[63] 林毅夫. 对新农村建设的几点建议[J]. 科学决策,2006(8)：28 - 29.

[64] 杨建良，段智芳. 关于加强农村基础设施建设的设想[J]. 当代经济,2004(9)：18 - 19.

[65] 周法兴. 社会主义新农村基础设施建设策略研究[J]. 财政研究，2006(10)：13 - 16.

[66] 杨豪. 韩国"新村运动"对我国新农村建设的启示[J]. 今日中国论坛,2006(4)：20 - 21.

[67] D. Jongenson. 生产率与美国经济增长(中译本)[M]. 北京：经济科学出版社，1989.

[68] D. Jongenson，M. Nishimizu. U. S. and Japanese Economic growth，1952 - 1974：an international comparisor[J]. The Economic Journal，1978，88(352)：707 - 726.

[69] 张军扩. "七五"期间经济效益的综合分析——各要素对经济增长贡献率的测算[J]. 经济研究,1991 (4)：8 - 19.

[70] 贺菊煌. 我国资产的估算[J]. 数量经济与技术经济研究,1992 (8)：24 - 27.

[71] 李京文，D. 乔根森，郑友敬，等. 生产率与中美日经济增长研究[M]. 北京：中国社会科学出版社，1993.

[72] 谢千里，罗斯基，郑玉歆. 改革以来中国工业生产率变动趋势的估计及其可靠性分析[J]. 经济研究,1995 (12)：10 - 22.

[73] 任若恩，刘晓生. 关于中国资本存量估计的一些问题[J]. 数量经济与技术经济研究,1997 (1)：19 - 23.

[74] 黄永峰，任若恩，刘晓生. 中国制造业资本存量永续盘存法估计[J]. 经济学(季刊)，2002 (2)：377 - 395.

[75] 李治国，唐国兴. 资本形成路径与资本存量调整模型——基于中国转型时期的分析[J]. 经济研究,2003 (2)：34 - 42.

[76] 王益煊，吴优. 中国国有经济固定资本存量初步测算[J]. 统计研究,2003(5)：40 - 45.

[77] 张军，吴桂英，张吉鹏. 中国省际物质资本存量估算：1952 - 2000[J]. 经济研究,2004(10)：35 - 44.

[78] Chow G. C.. Capital formation and economic growth in China[J]. Quarterly

Journal of Economics, 1993, 8(114): 243 - 266.
[79] 吴方卫. 我国农业资本存量的估计[J]. 农业技术经济,1999 (6): 34 - 38.
[80] 樊胜根, 张晓波, Robinson S.. 中国经济增长和结构调整[J]. 经济学(季刊),2002, 2(1): 181 - 198.
[81] 赵洪斌. 改革开放以来中国农业技术进步率演进的研究[J]. 财经研究, 2004, 30(12): 91 - 101.
[82] 王金田, 王学真, 高峰. 全国及分省份农业资本存量 K 的估算[J]. 农业技术经济,2007 (4): 64 - 70.
[83] 成其谦. 投资项目评价[M]. 北京: 中国人民大学出版社, 2007.
[84] 袁明鹏, 胡艳, 庄越. 新编技术经济学[M]. 北京: 清华大学出版社, 2007.
[85] T. K. Apostopoulos, K. C. Pramataris. Information technology investment evaluation: investment in telecommunication infrastructure[J]. International journals of information management,1997, 17(4): 287 - 296.
[86] 施金亮. 投资项目经济评价理论与实务[M]. 北京: 立信会计出版社, 2008.
[87] 吴琦. 试论项目投资的国民经济评价[J]. 理论月刊, 2004 (8): 63 - 64.
[88] 杨志勇, 张馨. 公共经济学[M]. 北京:清华大学出版社, 2005.
[89] A. C. 庇古. 福利经济学(上、下卷)[M].北京:商务印书馆, 2006: 9.
[90] Samuelson Paul A. The pure theory of public expenditure[J]. Review of Economics and Statistics, 1954(4): 387 - 389.
[91] Samuelson Paul A. Diagrammatic exposition of a theory of public expenditure[J]. Review of Economics and Statistics, 1955(3): 350 - 356.
[92] C. M. Tiebout. A pure theory of local expenditure[J]. Journal of Political Economy, 1956(64): 416 - 424.
[93] James Buchanan. An economic theory of clubs[J]. Economica, 1965, 32 (125): 1 - 14.
[94] World Bank. World Development Report 1994: Infrastructure for development [M]. Oxford: Oxford University Press, 1994: 27 - 29.
[95] 杨林, 韩彦平, 孙志敏. 公共财政框架下农村基础设施的有效供给[J]. 宏观经济研究,2005 (10): 56 - 59.
[96] 鞠晴江, 庞敏. 基础设施对农村经济发展的作用机制分析[J]. 经济体制改革,2005(4): 89 - 90.
[97] 李成贵. 农村基础设施建设: 理论、意义和政策[J]. 河北职业技术师范学院

学报:社会科学版,2002, 1(1): 1 - 7.
[98] 刘伦武. 农村基础设施建设: 农民增收的基础[J]. 农业经济, 2002 (9): 35 - 36.
[99] 孙开, 田雷. 农村基础设施建设与财政投入研究[J]. 经济研究参考,2005(18): 11 - 18.
[100] 王俊岭, 赵辉, 单彦名. 北京农村基础设施配置标准研究[J]. 北京规划建设,2006(3): 25 - 27.
[101] 李志远. 农村基础设施投资研究——以河北省为例[D]. 石家庄:河北农业大学,2007.
[102] Rosenstein Rodan P. N.. Problems of industrialization of eastern and south - eastern Europe[J]. Economic Journal,1943(23): 202 - 211.
[103] 约翰 · M · 凯恩斯. 就业、利息和货币通论[M]. 北京:商务印书馆, 1981: 69.
[104] 劳埃德 · 雷诺兹. 宏观经济学[M]. 北京:商务印书馆, 1990: 13.
[105] 保罗 · 萨缪尔森. 经济学[M]. 北京: 中国发展出版社, 1992.
[106] 中共中央马克思恩格斯列宁斯大林著作编译局. 马克思恩格斯全集[M]. 北京: 人民出版社, 1980.
[107] 保罗 · R. 范里安. 微观经济学: 现代观点[M]. 上海: 上海人民出版社, 2006.
[108] 保罗 · 萨缪尔森,等. 宏观经济学[M]. 北京: 华夏出版社, 2001.
[109] Whitesell, Robert, Barreto. Estimation of output loss from allocative inefficiency: comparisons of the Soviet Union and the U. S., Research Memorandum, 1994: 109.
[110] 张先治. 经济效益研究[M]. 大连: 东北财经大学出版社, 1996.
[111] 殷强. 中国公共投资效率研究[M]. 北京: 经济科学出版社, 2008.
[112] 郑磊. 城市基础设施投资效率问题和对策研究[J]. 现代商贸工业,2008(12): 84 - 85.
[113] 周红梅, 匡远配. 农村基础设施建设投资问题分析[J]. 湖南农业大学学报:社会科学版, 2007, 8(3): 26 - 29.
[114] 程工, 张秋云. 转轨时期基础设施融资研究[M]. 北京:社会科学出版社, 2006.
[115] 农村基础设施建设研究课题组. 农发行支持农村基础设施建设的路径选择[J]. 农业发展与金融,2007(2): 36 - 39.

[116] 尚长风. 农村公共品缺位研究[J]. 经济学家, 2004(6): 52-59.
[117] 张晖. 新农村基础设施建设中存在的问题及对策研究[J]. 小城镇建设, 2008(5): 49-51.
[118] Gold Smith, Raymond W.. A perpetual inventory of national wealth. NBER studies in income and wealth[J]. National of Economic Research. 1951(14): 5-61.
[119] 肖红叶, 郝枫. 资本永续盘存法及其国内应用[J]. 财贸经济, 2005(3): 55-62.
[120] Perkins D. H.. Reforming China's economic system[J]. Journal of Economic Literature, 1998, 26(2): 601-645.
[121] 王小鲁, 樊纲, 等. 中国经济增长的可持续性——跨世纪的回顾与展望[M]. 北京: 经济科学出版社, 2000.
[122] Young, Alwyn. Gold into base metals: productivity growth in the People's Republic of China during the reform period. NBRE working paper 7856. 2000.
[123] 黄佩民, 黄仟庭, 岳文韬. 我国农业投资份额和结构的研究[J]. 农业经济问题, 1990 (12): 3-8.
[124] 张军, 章元. 再论中国资本存量的估计方法[J]. 经济研究, 2003(7): 7-16.
[125] Hall R., C. I. Jones. Why do some countries produce so much more output per worker than others [J]. Quarterly Journal of Economics, 1999, 114: 83-116.
[126] 何枫, 陈荣, 何林. 我国资本存量的估算及其相关分析[J]. 经济学家, 2003(5): 29-36.
[127] J. M. 伍德里奇. 计量经济学导论[M]. 北京: 中国人民大学出版社, 2003.
[128] 高铁梅. 计量经济分析方法与建模: Eviews 应用及实例[M]. 北京: 清华大学出版社, 2006: 264-280.
[129] 易丹辉. 数据分析与 Eviews 应用[M]. 北京: 中国统计出版社, 2002.
[130] Engle R. F., Granger C. W. J.. Co integration and error correction: representation, Estimation and testing[J]. Econometrica, 1987, 55(2): 251-276.
[131] Granger C. W. J.. Investigating causal relation by econometric models and cross-spectral methods[J]. Econometrica, 1969(37): 424-438.
[132] Antle J. M.. Infrastructure and aggregate agricultural productivity: international evidence[J]. Economic Development and Cultural Change, 1983, 31(3): 609-619.

[133] Craig B. J., P. G. Pardey, J. Roseboom. International productivity patterns: accounting for input quality, infrastructure, and research[J]. American Journal of Agricultural Economics, 1997, 79: 1064 – 1076.

[134] Jacoby H. G.. Access to markets and the benefits of rural roads[J]. The Economic Journal. 2000, 110: 713 – 737.

[135] Benziger V.. Urban access and rural productivity growth in Post – Mao China [J]. Economic Development and Cultural Change, 1996, 44(3): 539 – 570.

[136] Fan S., P. G. Pardey. Research, productivity, and output growth in Chinese agriculture[J]. Journal of Development Economics, 1997, 53: 115 – 137.

[137] Dong X.. Public Investment, social services and productivity of Chinese household farms[J]. Journal of Development Studies, 2000, 36(3): 100 – 122.

[138] Charnes A., Cooper W. W., Rhodes E.. Measuring the efficiency of decision making units[J]. European Journal of Operation Research, 1978, 2(6): 429 – 438.

[139] Phillips J. Y., Rousseau J. J.. Systems and management science by external methods [M]. Boston, Dordrecht, London: Kluwer Academic Publishers, 1992.

[140] Chavas J. P., Cox T. L.. A nonparametric analysis of agricultural technology [J]. American Journal of Agricultural Economics, 1988, 70(2): 303 – 310.

[141] 魏权龄. 评价相对有效性的 DEA 方法——运筹学的新领域[M]. 北京: 中国人民大学出版社, 1998.

[142] 陈勇, 李小平. 中国工业行业的面板数据构造及资本深化评估: 1985 ~ 2003[J]. 数量经济技术经济研究, 2006 (10): 5 – 17.

[143] 宫俊涛, 孙林岩, 李刚. 中国制造业省际全要素生产率变动分析——基于非参数 Malmquist 指数方法[J]. 数量经济技术经济研究, 2008 (4): 111 – 122.

[144] 刘喜华. TFP 与 DEA 全要素生产率测度的数据包络分析方法[R]. 青岛统计学会, 2008.

[145] Denison E.. 资本对工业国家战后增长的贡献: 经济增长因素分析(中译本)[M]. 北京: 商务印书馆, 1991.

[146] Nehru V., Dhareshwar A.. A new database on physical capital stock: sources, methodology and results[J]. Revista de Analisis economic, 1993(8): 37 – 62.

[147] Collins S. M., Bosworth B. P.. Economic growth in East Asia: accumulation

versus assimilation. Washington D C, 1996.

[148] Aigner D. J. , Lovell C. A. K. , Schmidt P. J. . Formulation and estimation of stochastic frontier production function models[J]. Econometrics, 1977 (6): 21 - 37.

[149] Koop G. , Osiewalski J. , Steel M. F. J. . The components of output growth: a stochastic frontier analysis [J]. Oxford Bulletin of Economics and statistics, 1999,61: 455 - 487.

[150] Maudos J. , Pastor J. M. , Serrano L. . Total factor productivity measurement and humancapital in OECD countries[J]. Economics Letters, 2000, 63: 39 - 44.

[151] Henderson D. J. , Russsell R. R. . Human Capital and Convergence: A Production Frontier Approach. Woking Paper, University of California, Riverside. 2001.

[152] Cox T. L. , Mullen J. D. , Hu W. . Nonparametric measure of the impact research expenditures on Australian broad acre agriculture[J]. Australian Journal of Agricultural and Resource Economics,1997, 41: 333 - 360.

[153] D. W. Caves, L. R. Christensen, W. E. Diewart. The economic theory of index numbers and the measurement of input productivity[J]. Econometrica, 1982, 50: 1393 - 1414.

[154] Fare R. , Grosskopf S. , Norris M. , et al. Productivity growth, technical progress, and efficiency change in industrialized countries[J]. American Economic Review,1994,84: 66 - 83.

[155] Fare R. , Grosskopf S. , Lovell C. A. K. . Productivity change in Swedish pharmacies 1980 - 1989: a nonparametric Malmquist approach[J]. Journal of Productivity Analysis, 1992(3): 85 - 101.

[156] Coelli T. . A Guide to DEAP Version 2. 1: A data envelopment analysis (computer). CEPA Working Paper 96/08, University of New England, Australia, 1996.

后　记

朝辞白帝彩云间，千里江陵一日还。两岸猿声啼不住，轻舟已过万重山。四年博士生活转瞬即逝，俨然犹如一日，而博士论文的写作又何异于驾舟穿越千里松花江。途中虽有惊涛骇浪、艰难险阻，可求学路上有幸得到很多人指点迷津和慷慨助援，却也乐在其中，甚存感激。

首先对我敬爱的导师李忠富教授表示最诚挚的感谢。本书从选题到课题深入展开的各个关键阶段，都得到了李老师的亲切关怀和悉心指导，在此期间所取得的各方面成绩无不倾注了老师的大量心血。导师谦虚严谨的治学态度、渊博的知识、敏锐的思维、高尚的敬业精神和勤奋求实的作风使我深受教益和启迪。这四年来，李老师一直见证着我的成长，无论是在学习上、工作上，还是在生活上，都给予了我最无私的关心和鼓励。每每想到这些，自己总会在失望中重新燃起冲动，总会在得意时重新冷静地思索，总会以导师的精神进行自我鞭策。感谢师母戴利人女士在学习上给予的鼓励和生活上给予的关怀。

感谢孟维佳老师十年来持续不断的支持和鼓励，幽默、乐观、豁达、随和的孟老师，既告知了我诸多天道地理人情，也让我在紧张之余感受了生命的意义和科研的欢畅。

感谢哈尔滨工业大学人事处劳资福利科科长王艳及其家人对我的关心和鼓励。

感谢黑龙江省统计局赵春贵处长，黑龙江省发改委徐瑜处长，黑龙江省住房和城乡建设厅李志处长、吴永学处长和朴秉用副处长对本书写作所需数据给予的帮助。

感谢深圳房地产研究中心副主任王锋博士、房地产研究所孟庆昇所长及全体同事在我做访问学者期间给予的关心和帮助。

感谢张庆普教授、李恩辕教授、惠晓峰教授、吴冲教授、石春生教授等在论文开题中提出的建设性的意见和建议。

感谢田金信教授、张守健教授和丁云龙教授等在论文院审时提出的富有启迪性的修改意见。

感谢田金信教授、王要武教授、李恩辕教授、石春生教授、吴冲教授在论文预答时提出的修改建议和意见。

感谢田金信教授、刘希宋教授、王要武教授、王久云教授、胡珑瑛教授、吴冲教授在论文正式答辩时提出的建设性的意见和建议。

感谢哈尔滨工业大学交通科学与工程学院谭忆秋教授和哈尔滨工业大学管理学院葛虹副教授对论文写作思路上的指点。

感谢哈尔滨工业大学管理学院翟淑杰老师、王成群老师、于荣波老师、徐蕾老师、李海艳老师、王冬老师对我的支持与帮助。

感谢已毕业的哈尔滨工业大学管理学院博士生郭红岭和李妍夫妇对我的关心与照顾。

感谢同学范建双、蒋樟生、姜永生、李玉龙，师弟何伟明、张亚钊，师妹王艳在论文创作和答辩过程中提供的帮助。感谢同学李小兵、杨波四年来对我的鼓励和帮助。

感谢挚友张博、姜佳蕴、张宇、张磊、李俊涛多年来对我的关心和鼓励。

最后，深深地感谢我敬爱的父母和我的爱人王永华。感谢你们一直以来对我的理解和支持。你们永远是我坚实的后盾和前进的动力。

农村基础设施投资效率研究是一个十分复杂的课题，与此有关的理论尚未形成。对我国来说，如何尽快改变“重工轻农，重城轻乡”的城乡二元经济发展现状，在新农村建设资金有限的前提下，按照各地实际需求进行各项基础设施投资，提高东中西部农村基础设施投资效率，尚处于实践探索阶段，一些问题还有待进一步深入研究。由于本人水平有限、资源有限，本书的研究还存在一些不足：限于掌握数据较少，对东中西部农村基础设施投资面板数据的单位根检验、协整检验和误差修正模型构建的研究尚需深入;对农村基础设施投资效用问题和对农村社区公共产品的需求偏好方面的研究也只是处在设想阶段,尚需要进一步研究。对这些问题认识的逐渐深化,直至全面解决,都需要进行深入、细致甚至艰苦的研究工作。

作　者

2010 年 4 月

个人简历

1979年10月20日出生于天津市蓟县

教育经历

1999年9月考入哈尔滨工业大学管理学院会计学专业,2003年7月本科毕业并获得管理学学士学位

2003年9月至2005年7月在哈尔滨工业大学管理学院土地资源管理专业学习并获得管理学硕士学位

2005年9月至2009年7月在哈尔滨工业大学管理学院管理科学与工程学科学习并获得管理学博士学位

获奖情况

博士期间:全国博士生论坛优秀论文奖;哈尔滨工业大学管理学院第二届博士生论坛优秀论文奖

硕士期间:获得光华奖学金;作为副班长,对班级工作认真负责,获得老师、同学一致好评

本科期间:多次获得学校一、二、三等奖学金和光华奖学金

本科期间成绩排名第一名,推荐攻读硕士研究生

读硕期间成绩为专业第一,毕业后直接推荐攻读博士学位